日本語教師、外国人に日本語を学ぶ

北村浩子
Kitamura Hiroko

小学館新書

はじめに

日本語を細々《ほそぼそ》と教え始めて15年ほどになる。

ここ数年、日本語教育をめぐるニュースや話題が多く取り上げられ、２０２４年には「登録日本語教員」という国家資格も創設された。以前よりも「日本語を教えること」に注目が集まっている気がするけれど、日本語教師と聞いてみなさんはどんな仕事を思い浮かべるだろうか。

五十音表を使って書き方を教える、英会話講師のように学習者とフリートークする……いろいろなイメージがあるだろう。

ひとことで言うと「学習者のニーズに応じた日本語を教える」のが日本語教師の役割だ。5段階のレベルに分かれた日本語能力試験（ＪＬＰＴ）に合格したい、地域で生きていくのに必要な言葉を知りたい、ビジネスで使う用語や言い回しを覚えたい等々、それぞれの要望に即《そく》した日本語を教える。テキストも使うが、自分で教材を作ることもしばしばだ。

わたしは留学生をメインに、子供や外交官など様々《さまざま》な立場・レベル・年齢の人に教えてきた。文法の教え方に悩み、説明し過ぎたと落ち込み、今日はまあまあうまくいったかなとちいさく自分を励ます、そんなことを繰り返している。

ある時から、心の中にひとつの疑問が居座《いすわ》るようになった。

――どうやったら「その先」に行けるんだろう？

継続して勉強していれば確実にうまくはなる。意思を伝えられるようになり、生活上の不自由はある程度なくなる。

わたしが知りたいのは、その先だ。

自分を表現できていると、どうしたら思えるのか、母語《ぼご》ではない日本語を「操《あやつ》っている」という感覚はどうやったら得られるのか。

外国語学習において、どのレベルを目指すか、満足するかはその人次第《しだい》。だからこそ、日本語という外国語の山を登り続け高いところに行き着いた人たちに、どんな景色が見えているのか聞いてみたいと思うようになった。登り始めた頃の思い出を、今だから話せる当時のことを語ってもらいたい。願望が募《つの》った。

夢が叶《かな》って、今回、お話を聞きたかった方々に会うことができた。日本で、それぞれの日本語を駆使《くし》して生きている方々にどきどきしながらインタビューした。ものすごく楽しかった。日本語というトピックひとつでこんなにも盛《も》り上がれるんだ！　と、毎回心が躍《おど》った。

この本はその記録です。きっとみなさんにもわたしの興奮《こうふん》が伝わると思います。

日本語教師、外国人に日本語を学ぶ

目次

はじめに……3
第1章●「間違えて笑われるのは、むしろチャンス」……11
Kさん（韓国出身）
第2章●「ほんとうはもっともっと深い話がしたい」……37
孫成順さん（中国出身）
第3章●「ひとり暮らしへの憧れが、日本語につながった」……57
イザベラ・ディオニシオさん（イタリア出身）
第4章●「私の日本語は基本、全部、想像」……87
マライ・メントラインさん（ドイツ出身）

第5章 ●「心に一番近い言葉をいつも探している」 ラウラ・コピロウさん（フィンランド出身） …… 121

第6章 ●「自分の日本語をチェックする『もうひとりの自分』」 アイエドゥン・エマヌエルさん（ベナン共和国出身） …… 149

第7章 ●「文法も語彙も、全部耳から」 工藤ディマさん（ウクライナ出身） …… 173

第8章 ●「一年かけて読んだ稲盛和夫さんの本」 ゴー・ティ・トゥー・タオさん（ベトナム出身） …… 203

第9章 ●「言語の可動域とアイデンティティ」 ティムラズ・レジャバさん（ジョージア出身） …… 225

コラム

日本語クイズ❶ 留学生には答えられて日本人には難しい問題 83
日本語クイズ❷ 「ありません」と「ないです」は同じ? 145
日本語クイズ❸ 「~ばかり」と「~ところ」はどう違う? 198
日本語クイズ❹ 描写としての「かたこと日本語」と助詞 245

おわりに …… 250

第1章

「間違えて笑われるのは、むしろチャンス」

Kさん（韓国出身）

K（ケイ）
1983年生まれ、韓国・ソウル市出身。2005年TBS系ドラマ『H2』の主題歌『over…』で日本デビュー。以来、ヒット曲を連発し、日本武道館や47都道府県ツアーも成功させる。ライブ以外にもMCやラジオDJ、ナレーターなど幅広く活動。

2005年に日本デビューした韓国出身の歌手、Kさん。ドラマや映画の主題歌を数多く担当している他《ほか》、アーティストへの楽曲提供も積極的に行《おこな》っている。ピアノを弾きながら歌う姿、そして声の美しさに魅《み》せられているファンは多い。最近はミュージカル俳優としても活躍されている。

わたしがKさんの日本語を初めて聞いたのはラジオだった。KさんがDJを務めるFMヨコハマの番組、『K-style《ケースタイル》』。もう10年以上前になる。

当時わたしは、日本語教師と並行して、FMヨコハマでニュースを読む仕事をしていた。ある早朝シフトの日、Kさんが朝の生放送の番組にゲストとしていらっしゃった。爽《さわ》やかで軽妙なトークを間近で聞き、うまいな、すごいなと感じ入った。

時は経《た》ち、2020年。わたしの仕事のメインはニュースアナウンサーから日本語教師に変わった。コロナウイルス禍《か》の影響で、非常勤で勤《つと》めていた日本語学校はしばし休校となり、対面からオンライン授業への切り替えの間、自宅待機という自由な時間がぽっかりできた。

どうしよう、何しようと考え、まったく知らない言語を一から学んでみようと思いつついた。Ｎｅｔｆｌｉｘで韓国ドラマを見ていたこともあり、ＮＨＫの『テレビでハングル講座』を録画視聴することにした。

Ｋさんが出演されていた。番組を進行するナビゲーター役。講師のサポートをする形で文法や発音の説明をしつつ、生徒役の満島真之介《みつしましんのすけ》さんをもり立てていた。「あの頃」よりさらにスムーズに日本語を操っていらっしゃる。もう、空気感が完全に「日本語を話す人」だ。

外国語が流暢《りゅうちょう》な人というのは、発音がいいとか淀《よど》みなく話せるというだけでなく、その言語の話者《わしゃ》の雰囲気を体全体から醸《かも》し出せる人だと思う。

『テレビでハングル講座』を見ながら、いつか話が聞けたらなあ……と夢のようなことを思っていた。番組をすべて録画し、翌年２０２１年の講座も見続けた。今も家のハードディスクには2年分のほとんどの回が残っている。

インタビューＯＫのお返事をいただいた時の嬉《うれ》しさと言ったらなかった。

所属事務所にお伺《うかが》いすると、Ｋさんは、ＦＭヨコハマのスタジオで見た時と同じ笑顔でわたしたちを迎え入れてくれた。

※本稿《ほんこう》ではKさんがインタビュー時に使われた「ハングル」という言葉をそのまま使っています。「ハングル」は厳密《げんみつ》に言うと文字のことですが、NHKの語学講座や検定試験等にもこの言い方が用いられているため、「ハングル」と表記します。

片言でもいいから日本語で通す

まず、日本語との出会いについて伺った。

「僕は1983年生まれなんですが、子供の頃から日本の文化に接していました。プレイステーションで遊んだり、X JAPANを聴いたり、友達と一緒に映画『リング』を見たり。『ウイニングイレブン』というサッカーゲームも好きでしたね。実況や解説は全部日本語だったんですが、当時は言葉に対する意識は特になくて、ただ楽しんでやってました。

カルチャーショックを受けたのは2002年です。日韓共催のサッカーワールドカップのテーマソング、日本と韓国の歌手がコラボしたVoices of KOREA/JAPANの『Let's Get Together Now』という曲を聴いて、すごいと思った。今まで聴いたことないメロディ、言葉の響《ひび》き、使い方。そういうのが全部合わさって、ああきれいだなあと思ったのが日本語の第一印象です。

ハングルって、強く発音するところと弱いところの波があるというか、リズムが独特で抑揚《よくよう》がはっきりしてるんですけど、日本語はなめらかで耳当たりが優しい。マイルドで押しつけがましくない。日本の映画やドラマ、アニメを見て、日本語をたくさん聞くうちにそんなふうに思うようになりました」

スカウトされて来日したのは2004年。当時はいつも通訳の方が一緒だったという。

「その頃は全然喋《しゃべ》れなかったです。韓国で日本語の特訓して日本に来たわけではなかったので、ほんとに挨拶《あいさつ》程度。通訳さんはどこにでも一緒に来てくれたんですけど、最初から僕は、絶対日本語で勝負したいと思っていました。片言でもいいから日本語を使おう、日本語で通そうと。それはもう決めてました。

２００５年3月にデビューして、初めて出演したのがラジオの生放送番組。ラジオって、普通は放送当日の30分くらい前に進行の打ち合わせをして、時間が来たら番組が始まるわけですけど、その時は事前に台本を送ってもらいました。1週間くらい前かな。えっ、そんなに早く？　って、向こうの方もびっくりしてたかもしれない（笑）。で、その台本に全部ハングルでルビをふりました。日本の印象はどうですか、という1番の質問に対して『1．日本は大好きです。道が、町がきれいです』。日本の食べ物は好き？　という2番目の質問には『2．おすしが好きです』と書いて、スタジオに向かう新幹線の中でそれを一生懸命《いっしょうけんめい》覚えました。もう頭はぱんぱんだし、気持ちもいっぱいいっぱい。それでも本番では通訳の方を介さないで、ＤＪさんと2人で話しました」

なぜそこまで「絶対日本語で話す」ことを課していたのだろう？

「多分、自分の口から伝えたい、という気持ちが僕はすごく強いんですよ。喋りたいことが１００個あるとしたら、通訳さんを通せば多分80個から90個は伝わる。ただ、自分で喋って50個くらいしか伝わらなかったとしても、僕としてはそのほうがいい。片言でも、自分が話すことで伝わる想《おも》いというのがあると思うんですよね。通訳さんがいれば心強いし、何より安心なんですけど、うまくなくてもこちらが一生懸命話していると相手も心を開いてくれる。それが僕にとっては嬉しいんです。

と言ってもさすがに最初は言葉を知らないから、今はもうあまり使われていないかもしれないですけど、パカッて開ける電子辞書を持ち歩いて、何かと言うとパカッてやってました（笑）。そのうちにだんだん日常会話もできるようになってきて、当時のマネージャーさんと話し合って、一旦《いったん》通訳さんなしでやってみようということになったんです。仕事も生活も全部日本語にしようと。

そうしたら、ちょっと気になることが出てきたんですよね」

会話で大事なのは……

Kさんの発音は（偉そうな言い方になってしまうが）アナウンサーとして仕事をしてい

たわたしが聞いても、細かい部分も含めとてもきれいだ。「音」を職業としている方ならではの、微妙《びみょう》な差異《さい》も聞き漏《も》らさない繊細《せんさい》な感覚が発音や発話のリズムにも反映されているのではないかと思う。「気になること」というのは、もしかしたらそのあたりと関係があるのだろうか。

「テンポです。『間』ですね。誰かと話している時、相手の日本語を頭の中で翻訳《ほんやく》していると、会話に間ができてしまう。それがすごく気になったんです。

会話は、テンポがすごく大事だと思うんですよ。コミュニケーションの命と言ってもいいんじゃないかな。会話でワンテンポ遅れると、何か取りこぼすって言うか、流れてっちゃうものがあるような気がする。だから、絶対にハングルでは考えないことにしました。

言葉を覚える時、例えば『ケータイ』だったら自分の国の言葉では『ヘンドポン』。あヘンドポンのことなのか、と意味を理解する。で、覚えたらもうハングルの『ヘンドポン』は切り離す。『ケータイ』だけ。翻訳しない。日本語は日本語で理解するようにしたんです」

インタビューに際して、わたしは「母語に翻訳しなくても日本語が分かるようになったのはいつ頃ですか？」という質問を用意していた。ところがKさんはにこにこして「一切《いっさい》ハングルでは考えなかったんです」と言う。思わず「そんなこと、できるんですか？」と聞いてしまった。

「自分にとってはその選択肢《せんたくし》しかなかったです。日本にいるんだから、日本語で考えようと思った。そして何といっても、周りの人たちやスタッフのおかげなんですよね。感謝しかないです。人と話す時は辞書を使わないので、とにかくみんなに質問しまくっていましたから。

例えばさっきの『ケータイ』について説明してもらうとして『電話やメールができる。ニュースも読めるし地図としても使えるし、買い物も調べものもできる』って教えてもらったとする。その中の『地図』とか『調べもの』が分からなかったら質問する。説明してもらう。そうやっていくと、さらに自分の言葉が増える。

いくつか知らない単語が出てきても、分かる言葉を手掛かりにして考えると『あ、これかもな』って想像がつくようになるし、質問するとみんな親切に、分かりやすく説明しようとしてくれるから、教えてもらう言葉以外のものもどんどん頭に入ってくるんです。結果的にコミュニケーションの時間が長くなって、人との距離も近くなる。当時のスタッフはすごい面倒《めんどう》くさかったと思うんですけど、日本語を1年話したら1歳分成長できるわけじゃないですか。子供が『パパこれ何?』『それおいしいの?』『どうして?』って、親を質問攻めにして覚えていくみたいに、日本語を吸収していったという感じです」

忘れられない間違い

母語に置《お》き換《か》えることなしに外国語を身に付ける。そのすごさに軽くショックを受けながらインタビューを続ける。つらさや困難はなかったのだろうか。Kさん、ありましたよね?

「うーん、当時はニキビができてたり肌荒れもしてたから、もしかしたらストレスはあったかもしれないです。でも、言葉が原因なのかホームシックだったからなのか、その辺は分からないな。言葉を覚えるつらさより、一日一日を乗り越える大変さのほうが大きかった気がしますね。

さっき、初めての番組はラジオの生放送だったという話をしましたけど、今でも覚えているのはデビューの頃、ある音楽番組に出させてもらった時のことです。放送前のリハーサルで、多分時間の関係もあったと思うんですが、司会者の方が、用意されてた最初の質問を飛ばして、僕に2個目か3個目の質問をしたんです。でも僕は分からなくて、1個目の質問に対しての答えを言っちゃったんです。周りからちょっとクスクス笑う声が聞こえてきて、あ、もしかしたら今、俺違うやつ答えたのかなと思ったんです。あとで分かったんですけどね」

間違えて笑われる。外国語を話す時、一番気になることだ。Kさんはどうだったのだろう。

「間違えるのもコミュニケーションの一環」と明るい

「僕の性格なのかもしれないですけど、全然気にならなかったですね。間違えることに対して素直っていうか、足りないところがあるってことは、もっと埋《う》める場所がある、伸びしろしかないってことだと思っていたし、そもそも人と喋るのがすごく好きだったので、間違えるのが怖いとも思ってなかったです。

　それに、笑われるってむしろ、相手との距離を縮めるチャンスなんですよ。例えば外国人の方が『僕の荷物どこですか』って言いたくて『僕のおむつどこですか』って言ったら、反射的にくすってなりますよね。別にバカにしているんじゃなくて。そこできゅっと距離が縮まる。絶対そうだと思うんです。会話で生まれる笑いって、距離を縮めるきっかけになるんですよ。だから僕も全然恥《は》ずかしいとは思わなかった。だってまだ『日本語1歳』なんだもん。できなくて当たり前だし、そもそも笑われたり相手を笑かしたりっていうのがコミュニケーションなので」

できなくて当たり前という気持ちは、持とうとして持てるものではないような気がする。発音が悪くて聞き返されたらバツが悪い、恥ずかしいとつい思ってしまうのではないだろうか。そのあたりも聞いてみると、

「波があると思うんです。僕も1年、2年と日本で過ごしているうちに『日本語うまいね』って言われるようになって、そうすると『自分、結構《けっこう》できるんだな』って勘違いしちゃうんですよ。そういう時に何か言われたりすると、やっぱりちょっと恥ずかしいと思ったことはありますね。

でも、日本人でも間違えることもありますよね？　会話ってやりとりだから、怒ったり怒られたり、笑ったり笑われたりっていうのが普通だと思うんです。間違えるのもコミュ

ニケーションの一環って考えると、むしろ全然ありなのかなという気がします」

単純に〝ポジティブ思考〟というのではない、Kさんの言葉には明るい説得力がある。

「僕、ほんとにいっぱい間違えましたよ。忘れられないのは、『韓国にいるお友達やご家族は、Kさんが今こうやって日本で音楽を作っていることについてどう思っていらっしゃいますか』とインタビューされた時。『みんな、僕の活躍をネットで見て喜んでますよ』と答えちゃったんです。日本では自分で自分のことを『活躍してる』って言わないじゃないですか。そこは日本と韓国の文化の違いがあるんですよね。韓国では、今自分はこういう『活動』をしていて、なおかつ『活躍』もしていると自分でアピールする国なので、僕はその感覚で喋ってたんですけど、マネージャーさんに指摘されて、そうだったのか！と。

いつも、マネージャーさんも含め周りの方たちに、もし僕が間違ったことを言ったら、遮《さえぎ》ってもいいから教えてねとお願いしています。もちろん今もです。『あ、その言葉何だろう』って思うこと、今もありますから」

こんなに上達しても？　と思い「今もですか？」と問うたら、Kさんは「ありますよ」を3回繰り返した。

「もちろん昔ほどじゃないとは思います。でも、誰かと話してて、自分、違うこと言いそうだなと思ったら喋らないというテクニックもだんだん身に付いてくるんですよ。パパパッと喋っていて、次の言葉、次の文章を考えてる瞬間に察知《さっち》するというか。だから外側からはあんまり間違っているようには見えないかもしれないけど、間違えそうだな、と感じる時はあります。

外国人でも日本人でも、何か言ったすぐあとに『あ、今の違った』って言うことありますよね。そうじゃなくて、こう言いたかったんだって。間違えてもそれでいいんじゃないかなあ」

耳から文字へ、という流れ

日本語を教えていると（これは必ずしもいいことではないのだが）どうしても「正しさ」に重きを置く癖《くせ》がついてしまう。意味が分かる、伝わるだけでなく、話されている日本語が、文法的・TPO的に正しいかが気になってしまうのだ。Kさんの日本語は、30分、40分聞き続けていてもまったく問題がなくごくごく自然で、独学でこんなふうになれるんだと圧倒された。

テキストや問題集を使った経験はあるのだろうか。

「日本に来ることが決まった時、挨拶表現とかが載《の》っている本をちょっと読んだりはしましたけど、それからは一切読んでないですね。日本語のテンポを知りたくて、当時『人志《ひとし》松本《まつもと》のすべらない話』のビデオやアーティストのインタビュー映像を見て、人が喋っているのをとにかく聴くようにしてたのが、勉強っていえば勉強だったのかもしれないです。

僕はどっちかっていうと耳から覚えるのが先で、慣れてきたら文字を見るというタイプなので、メールやメッセージアプリで日本語の文字が問題なく使えるようになったのは、話せるようになったあとだったんですよね。それまでも、ひらがな、カタカナ、あとちょっとした漢字は読めたり書けたりしてたんですけど、スラスラ使えるようになったのは、話せるようになって4年後くらいです。

自分としてはその順番で良かったと思っていて、というのはその時点で日本語のデータが頭の中に結構あったので、文字にシフトチェンジするのがそんなに難しくなかったんです。子供が最初に耳から言葉を覚えて少し話せるようになって、学校に入って文字を教わるっていうのと同じ順番。今、うちの上の子が7歳で、分からない言葉は自分で調べさせているんですけど、僕も子供と同じ方法でやってきたわけです。そのやり方が自分に合ってたんですよね」

日本語で日本語を覚え、蓄積《ちくせき》した語彙《ごい》を生かして文字に移行する。理想的だと思うのと同時に「授業で文法を学ぶこと」の意味を考えてしまった。わたしは文法が大好きだが、勉強となると（わたしの教え方の問題もあるが）必ずしも楽しくはない。アニメなど日本の文化に興味を持って来日した留学生たちが、文法を詰め込まれて「ああ……」という表情になっているのを見ると、自分の仕事とは言え申し訳ない気持ちになることがある。

という話を、悩み相談のようにKさんに打ち明けてみた。

「僕は、自分がコミュニケーションから入るほうがいいタイプだと理解していたので、聞いて話すということを繰り返したんですけど、最初の頃にちゃんと勉強してたら、もっと早く日本語で歌詞を書けたのにとか、もっと早く本が読めたのにと思うことはあるんです。たまたま僕は仕事の内容として、ライブでMCをしたり、テレビやラジオで話す機会が多かったから、誰と、どんな場面で話すかってことが最優先だった。でも、うまくなるなら文法にはどこかで出合っておいたほうがいいし、必要だと思う。いつやるかってことなんじゃないですかね」

日本語学校では（少なくとも、わたしが教えたことのある日本語学校では）のっけからガッツリ文法だ。例えば初級の留学生は、入学して2、3か月後くらいに動詞の「て形《けい》」

を習う。「教えてください」「食べてください」「行ってください」などの「教えて」「食べて」「行って」の形を、日本語教育業界では「て形」という。

これが実は難しい。「教えます⇒教えて」「食べます⇒食べて」というように「ます」を「て」に変えればいいのかと思いきや「行きます⇒行きて」にはならない。じゃあどんな法則があるのかというと、なんとも複雑で覚えにくいルールがあるのだ。

Kさんはこういうことで悩んだ経験はないのだろうか。

「うーん、なかったですねえ。まるごと覚えたからかなあ。

僕にとって文法は『逆に知った』ものなんです。例えば『木・桜』……じゃないな、ごめんなさい、『葉・桜』って書いて『はざくら』って言うじゃないですか。文字で見れば葉っぱの『葉』と、桜の木の『桜』で、2つの言葉をつなげると、さくらに点々（濁点）が付くんですよね。僕は聞くほうから入ったので『ハザクラ』って言葉があるんだと思っていたんですよ、ずうっと。あとから『あ、桜に点々付いてる！』って分かったんです。

『おすし』もそうですね。僕『すし』と『おすし』は別物だと思ってたんです。『そうか、

〝お〟を付けてるだけなんだ！』って、これもあとから分かった。そういうの、いっぱいあります」

最初に言葉や言い回しに出合ってそのまま覚え、あとからそこに文法が含まれているのを知る。Kさんは「逆パターンですよね」とおっしゃったが、そちらの道をたどると、なじんでいた言葉の秘密を知ったような、気付きの喜びを得られるのかもしれない。とはいえ「気付く」のだって、そこまでの積《つ》み重《かさ》ねがあってこそだ。

ちなみに「葉」＋「桜」が「はざくら」と発音されるような現象を「連濁《れんだく》」という。「本」＋「棚」が「ほんだな」、「青」＋「空」が「あおぞら」となるなど、後ろの言葉の最初の文字に点々が付く現象のことだ。連濁が生じる条件には一定のルールがあり、例えば「海外」＋「出張」は「かいがいじゅっちょう」にはならないし、「提出」＋「書類」は「ていしゅつじょるい」にはならない。でもそこにも例外があって……と説明すると長くなるのだが（連濁のことだけまるまる1冊書かれた専門書があるくらいだ）、「習わないけれど知っている・使える」ことの面白さや不思議さをあらためて感じてしまう。

外国語は覚えること自体が夢じゃない

〈最初から僕は、絶対日本語で勝負しようと決めていた〉

Kさんはインタビューの冒頭でそうおっしゃっていた。絶対。その強い意志はどこから生まれたのだろう。

「沖縄出身、大阪出身、みんなどこかの出身ですよね。僕はソウル出身の人間としてJ-POPで勝負したかった。でも言葉が違うから、同じ土俵に立つために日本語を覚えた。夢を叶えるためにどうしても必要なことで、使えないとかできないっていうパターンは僕の中にはなかったんですよ。外国語っていう難関を突破しないと目標に辿《たど》り着かないなら、突破する以外、方法はないですよね。

もし僕が韓国のアーティストを日本でデビューさせる、プロデュースすることになったら、大変かもしれないけれど自分と同じことをやらせると思います。外国語って、覚えること自体が夢じゃなくて、夢に近づくためのもので、手に入れるとすごく強い武器になる。

だから、大変だけど、苦労じゃないよって伝えると思いますね」

Kさんのマネージャーさんが「彼は、相手へのツッコミとかタイミングとか、トークスキルがすごくあるんですよ」と話してくれる。話術は、異国で生活し、学んできた時間の結晶だ。相手の表情、雰囲気を読み取ってリアクションするのは、その言語に長《た》けた人でないとできない。Kさんの「誰かと話すことが大好き」という人柄と洞察力も大いに作用しているのだろう。

「もう、日本語が自分のメインを飾っていて、もともと話せていたハングルがどんどんこっちのほうに（と言って両手を端《はし》っこに）行ってるんですよね。いつも100%日本語だからか、韓国へ帰ると、金浦《キンポ》空港でタクシーの運転手さんが『安くできるよ』って必ず日本語で僕に言うんです。必ずですよ？（笑）

フィーリングというか、日本人っぽい何かが出てるんでしょうね。韓国料理とかグッズの店が多い新大久保《しんおおくぼ》を歩いてても、自分はもう完全に日本人としての雰囲気が出てるのかなあ、と思うことがあります。言葉って、面白いですよね」

＊＊＊

〈日本語は日本語で理解する〉〈1年話したら1歳分成長できる〉〈間違えることに対して素直〉——繰り出されるパワーワードに心地良いショックを受け続けていた。Kさんから放たれる、ポジティブな「陽の気」がそれらの言葉の真実味を裏付けていると感じた。

わたしはかつて、外国語が早くうまくなる人は、人に話しかけることをためらわない、もっと言えば「傷つきにくい」性格の持ち主なのではと思っていた。他人を恐れない、人なつこい性格の人。知っている単語をつなげてどんどん喋り、相手も応じてくれる。そんな経験を重ねていける人が最も有利に違いない、勉強の量よりも、持って生まれたものが習得の差異を司《つかさど》っているのだとしたら、教えるという仕事の意味はなんだろうな——と疑問を持ったりもした。

Kさんにお話を伺ってあらためて思ったのは、性格が語学習得に影響を与える面は確かにあるだろうけれど、上達に必要なのはそれだけじゃないというごくシンプルなことだった。失敗を恐れない性格は、Kさんのアドバンテージだったかもしれない。でも、失敗を恐れない＝ブロークンでもかまわない、とはならない。にぎやかに楽しく話せればいいと思う人の語学力はそこで止まるだろう（それが悪いというのではなく、どこまでうまくなりたいかのレベルを決めるのは人それぞれ、という意味だ）。

Kさんの日本語がすばらしいのは、人との距離を縮めたいという望みを今に至るまでずっと持ち続け、言いたいことや自分の気持ちを「より」「さらに」正確に伝えるためにはどうしたらいいかと考え続けてきたからだ。「僕にとって文法は『逆に知った』もの」だとおっしゃっていたが、正しい文法を身に付けているのは、日本で暮らし、仕事をしてきた年月の中で幾度も小さな修正を加えてきた、その結果であるに違いない。

――日本語教師の頭でそんなことを考えながらも、わたしは終始、会いたかった方に会えた嬉しさと、思ったとおりのすてきな方だったという喜びを噛《か》みしめながらその場にいた。加えて「習わなくても母語話者同様になれる」事実を目の当たりにし、感動と衝撃を受けてもいた。

けれど、日本で働き、長く生活していれば日本語に自信が持てるようになる……とは限らない。

次にお会いした孫成順《そんせいじゅん》さんへのインタビューで、わたしは頭に浮かんだその言葉を再検証することになったのだった。

第2章

「ほんとうはもっともっと深い話がしたい」

孫成順さん（中国出身）

孫成順（そん・せいじゅん）
1963年生まれ、中国・北京市出身。25歳で中国料理最高位「特級厨師」に。91年来日、日本各地のホテル、レストランの料理長を歴任し、2007年来日以来の夢だった「中國名菜　孫」を六本木に開店。メディアに多数出演。

孫成順さんを知ったのは、ＮＨＫの朝の情報番組『あさイチ』の中の「３シェフ夢の競演」というコーナーだった。イタリア料理の落合務《おちあいつとむ》さん、日本料理の中嶋貞治《なかじまさだはる》さん、そして中華料理の孫さんが家庭でも再現できる新作レシピを披露《ひろう》する。個性際立《きわだ》つ３人と司会者とのやりとりも楽しく、中でも真っ白な長いコック帽がトレードマークの孫さんは、柔らかな明るさと笑いを場にもたらすムードメーカーだった。

最近は『あさイチ』だけでなく、ＮＨＫ Ｅテレの『中国語！ナビ』にも不定期で出演している。六本木の本店をはじめ、阿佐ヶ谷、日本橋にも支店がある「中國名菜　孫」のオーナーシェフだ。

店のホームページに書かれたプロフィールには「25歳にして中国料理最高位『特級厨師（とっきゅうちゅうし）』の資格を取得」とある。「多くのお店や弟子を持って50歳以上の年齢になってもなれるかなれないか」というレベルの「プロ中のプロ」に与えられる称号なのだそうだ。孫さんが取得した当時、特級厨師は中国でも20人ほどしかいなかったと言われているとか。あの広い中国で……！

そんな、とてつもない資格を持つ孫さんはどのような経緯《けいい》で来日したのだろう。日本語はどうやって身に付けたのか。

六本木の本店でお話を伺うことになった。店の前でカメラマンの到着を待っていたら「あら、ここ孫さんのお店」「あさイチの」「ここだったのね」という女性たちの声が通りから聞こえてきた。さすがの知名度だ。

スタッフの方が店内に招いてくれる。金魚が泳ぐ大きな壺。穏《おだ》やかな色の照明。上品で清潔感のある、都会の喧騒《けんそう》とは無縁の空間が広がっていた。どうもどうも、と孫さん登場。姿勢が良くて背が高い！　白いコックコート姿が格好いい。

東京の人に質問すると逃げられる

「僕ね、日本語すごく緊張しますよ。恥ずかしい」

開口一番、孫さんはそうおっしゃった。謙遜《けんそん》、という表情ではない。生放送の番組にも出ているのに……？

「そうですよ。20年くらい前だったら通訳の人いてもいいかもしれないけど、今そんな時代じゃないからね。NHKは特に、特別だから、生放送で変な言葉を言ったらだめだからね。でも、たくさん料理を日本の皆さまに食べてもらいたいから、すごい真面目にやってますよ」

では料理の話から聞いてみよう。料理の世界に入るきっかけは何だったのだろう。

「うちのお父さんが料理人で、その時代の、すごいトップの料理人でした。でも急に心臓悪くなって、53歳で亡くなった。お母さん毎日泣いて泣いてかわいそうだったけど、僕はまだ16歳までいかないから、どうしよう？　どうしようと思って、料理の勉強することにしました。

学校入って、もう一生懸命勉強したよ。うちの兄貴、言ったよね。『ホントおまえ料理バカだな』って。遊び行きたいじゃないですか、若いし。でもお父さんの名前があるからさぼれなかった。『あの人の息子』ってみんな見るでしょ。頑張《がんば》らなきゃいけなかった。

お父さんの名誉があるからね。
その頃、仕事する人は大体20歳以上、社会人になるのは22歳で、10何歳じゃ仕事がないから、お母さんはすごく心配しましたね。料理の勉強してると手にケガをすることもあるけど、お母さんに見せないように包帯取って家に帰った。心配するからね」

自分で選んだというより、料理の道に入るしか方法はなかったのだ。血のにじむような努力をしたと孫さんは言う。

「宿題もいっぱいあったし、休みの日も、お父さんのこと知っている料理人が『うちの店へどうぞどうぞ』って言ってくれるから、その店の料理を研究したりしてね。勉強、勉強。それで何年かあとに資格を取って、当時ではちょっとあり得《え》ない若さでしたね。スターです。今で言うなら、野球の大谷《おおたに》（翔平《しょうへい》）さんみたいな（笑）。
中国でテレビや新聞に出て……、昔の中国ではテレビや新聞に出るのは普通じゃなかった。いいお給料もらって、料理の世界では『あの若い人すごいね』って、みんな僕のこと知ってました」

そんな孫さんは28歳の時に来日。どんな経緯があったのだろう。

「命令ですね、北京市からの。1991年、日本と中国は仲良くてね、もっと仲良くするために代表として行きなさいと言われた。僕とあともうひとり、料理の先生がね。四国に行きました。

その頃は『あいうえお』も分からなかった。店で、喉渇《のどかわ》いたからこう（飲むゼスチャー）すると、ビールが来た。違う違う。水と言いたい。でも分からないから、トイレ、WCと言った。トイレ、水あるじゃないですか。それでやっとお水が来ました（笑）。

生活はすごい余裕がありましたよ。毎日車が迎えに来て、お客さんみたいな感じ。通訳の人もいたし、その頃は苦労しなかった。

3年くらい経って、東京に来てからですね。大変だった。まだ言葉ができないから、分からない時に『すみません』って聞くでしょ。東京の人、逃げるんですよ。残念でした」

こういう話を聞くと申し訳ない気持ちになる。外国の人に話しかけられるとドキッとして、ついその場を去ってしまう人も確かにいるだろう。

「四国の時は、例えば遊びで釣《つ》りに行くと、周りの人がちょっといろいろ教えてくれましたよ。だから、仕事の関係の人に『東京はなんでそうなるの？』と聞いたら、地方と東京は違うんだって言われてね。その頃から、日本語の勉強を始めました」

教えて、と言っても断られる

仕事をしながら、言葉を学ぶのは大変だ。しかも孫さんは中国料理界のトップ。引っ張りだこで休む暇もなかっただろう。

「中国語の漢字の発音と、日本のひらがなを紙に書いて、何度も発音して練習。簡単な日本語の本も買って、時間がある時に見てましたね。料理の言葉は、塩、お酢、豚肉、鶏肉、白菜、チンゲンサイ、すぐに覚えたけど『○○に』とか『○○を』とか、難しかった。聞いて、覚えて、聞いて、覚えて。

で、厨房《ちゅうぼう》にいる時、周りの人と喋るじゃないですか。言葉が分からなかったら聞きますよね、『これ、なんだ?』って。でも『はい!』って言われるの。孫さんは日本語上手だから大丈夫大丈夫、って」

料理の世界の大先輩に教えるのは気が引ける、そう思われてしまったのだ。

「『俺、料理教えるから日本語教えてよ』って言っても『いやいやいや、僕、孫さんの言うこと全部分かりますから』って言われる(笑)。向こうは、僕が年上だから教えたら悪い、失礼だって思ってるから、いつも『孫さんは上手です』って言ってくれる。

僕は厨房で鍋《なべ》振って、包丁持って火つけてれば魚とお水の関係(水を得た魚)。でも、すごい悔《くや》しいですよ。ホント悔しい。もっと日本語うまかったら、お客さんによく分かる説明できる。味、香り、形、説明したいですよ。でも変な日本語だから……」

このインタビューの最中、孫さんは「悔しい」を何度も繰り返した。テーブルを叩きながら「もっともっと、日本語ができたら」と。

「今よりもう3分の1でも日本語がうまかったら、僕はもっとお客さんと喋る。この格好してると、みんな孫さん、孫さんって言ってくれます。すごい感謝。とても嬉しい。話したい。もともとお喋りだし、中国語だったらわあわあ話すからね。

だけど緊張する。ここのテーブルの人と話したら、あっちのテーブルの人とも話さないとよくないでしょ。みんな喜んで来てくれるから。でも僕はもう60歳で、大人で、日本に長くいるのに下手。それは恥ずかしい。もし『孫さん、言ってること分かりません』って言われたら、頭真っ白になっちゃう。やだじゃないですか。だからあんまり長く話せない。

悔しい、悔しい」

『あさイチ』で、孫さんは周りを和《なご》ませ笑わせている。楽しそうに喋っているように見える。わたしはＮＨＫに出たことはないが、ＮＨＫという特別な局の生放送の場で、手を動かし、作り方の説明をしながら、司会者たちともやりとりするという役目の大変さを想像することはできる。孫さんはそれを何度もこなしている。なのに……。

「料理のことならいいけど、自分のこと喋ってくださいって言われたらもう、ダメ。硬い。芸能人や有名な方が『どこへ飲み行きますか』『ゴルフ行きませんか』『旅行しましょう』って誘ってくれるけれど、僕は断《ことわ》るんですよ。なんで断るか？　やっぱり会話。相手は気にしてなくても、気《き》ぃ遣《つか》う。

例えばゴルフ行ったら、ゴルフの言葉いろいろあるでしょ。料理の言葉は知ってても、ゴルフの言葉は分からない。だから行かない。深い話ができないから。

ＮＨＫのドラマ（２０１５年の『まれ』）に出たあと、芸能事務所の人に入ってくださいと言われました。ひとつじゃなくて、いくつか。でも断った。お店も今３つあるけど、もっとお店やってくださいって話もいっぱい来る。でも僕、経営者じゃないから。料理の職人としてここまで行ったらもう十分。十分ですよね？　カメラマン、どう思う？」

孫さんは取材に同席してくれた男性カメラマンに言葉を向ける。「十二分ですね」と彼は答える。こういうやりとりに孫さんの人柄がうかがえる。

「日本のみんなにすごく感謝してます。いろいろなことを教えてくれ、文化のことも教えてくれて、ほんとうにありがたい。それはもうホント大事。だから悔しい気持ちが強い。中国語は漢字で、日本語も漢字あるから大丈夫でしょうと言われるけど、やっぱりちょっと違う。僕の言葉の問題は大きい。もう、すごい悔しいよ」

料理にまつわる擬音語・擬態語

言葉の問題は大きいと言うが、孫さんは料理のことはとても熱っぽく語ってくれる。

「日本はグルメさんがたくさんいて、食材は新鮮。いいものたくさんあります。でも、料理の作り方教えている人によっては、有名な人でも、ああこれじゃちょっと食材がかわい

「中國名菜　孫」のチャーハンはしっとりツヤツヤで美味しい

そうだな、もったいないなと思う。もちろん大体おいしいですよ？　味、しょっぱくなくて、薄くなくて、焦げてなければ、まあまずくはない。

でも僕がやればもっと、と思う。コクがあって深い味ができる。僕が日本で生活しているのは日本のみんなのおかげだから、もっとおいしい作り方を教えたい。

例えばチャーハン。強火で作るチャーハン、あまりおいしくないです。シャッシャッシャッシャッて鍋を大きく回すやり方、見たことあるでしょ。米がパラパラってなってる。そうすると米が冷めるし乾燥する。水分が飛ぶ。固くなっちゃう。サラサラは食感が良くない。

口に入れた時、米が熱くてしっとりしているのがおいしい。

よく、中華鍋ないとダメと思われるけど、うちの自宅はフライパンですよ。中華鍋ないです。火力も関係ない。ガスじゃなくても大丈夫。やっぱり腕と使い方」

シャッシャッ、パラパラ、サラサラ。料理の説明や表現にはそれらの擬音《ぎおん》語・擬態《ぎたい》語が欠かせない。

「ちょっと固いとカリカリ？　油の感じがある時はサクサク？　とかね、何回も何回も使って覚えました。ああこういうのがトロトロなのか、ドロドロは？　みたいに、違いは難しい。さっぱりとあっさりも、似ているけどちょっと違う。『まろやか』『寝かす』『旬《しゅん》の食材を生かす』も最初分からなかったけど、2回、3回使って、合ってる？　と思うようになった。分かんないと漢字に書いてね、何日も頭の中に入れると大体覚えます。料理の言葉はね」

料理についての話となるとジェスチャー付きで熱も入る

確かに、擬音語・擬態語は、面白いけれど意味をつかむのが難しい。バリバリ、パリパリ、さらさら、ざらざら……濁音のほうが重い感じが出る、感触が良くないことをあらわしたい時に使う、など特徴はあるが、日本語を教える時の悩みどころのひとつでもある。

仕事に直結する言葉だからこそ、孫さんは「何日も頭の中に入れて」覚えたのだろう。

「お店に、政治家のお客さんも来ます。僕、まあまあ喋るの。『ございます』とか丁寧《ていねい》な言葉（敬語）できないけど、職人だから分かりやすいように喋ればいい。今はそう思ってるから。でも、テレビ見て来てくれるお客さんと、長い話ができないのはつらい。僕の性格としてはやっぱりつらいです」

そう、孫さんは人を楽しませるのが好きなのだ。

「料理教室をやりたいですよ。お母ちゃん、料理の好きな人、もっとおいしいの作りたいと思っている人を呼んで教えたい。プロの考え方を教えたら、家の料理ももっとうまくいきますよ。食材無駄にしないで、節約もして、でもおいしい料理。

料理は、絵描くみたいな感じですよ。とにかく楽しい。何十年やってても楽しい。体動けば、ずっと鍋振りたい。

だからね、これ書いてほしいですが、日本にいる外国の方は、絶対ちゃんと日本語を勉強したほうがいい。うちのスタッフも日本へ来て5年、10年の人もいるけど、ケータイはまだ全部中国語。頑張って自分で日本語勉強していても、仕事があってなかなか難しい。

僕は言葉ですごく損したんですよ。みんな親切だから、僕に合わせてくれますよ？　でも10年前にやればよかった。10年前ならホント勉強します。家族にも何回も言われました。

ワンちゃんの散歩する時、いろいろ覚えたりもしたけどね、そうじゃなくてもっとちゃんとやればよかった」

孫さんがそんなふうに感じているとは全然思わなかった、と正直に伝える。孫さんははっはっはっと大きく笑ってこう言った。

「思っているより悪かった？（笑）申し訳ないですよ。でもね、ほんとに外国の方、日本語勉強してください。僕が言うから間違いない。間違いないから」

＊＊＊

孫さんはまったく飾らず、気持ちをストレートに話してくれた。

日本で働き、長く生活していれば日本語に自信が持てるようになる……だろうか。前回のKさんへのインタビューで、わたしはそんな疑問を頭に浮かべていた。必ずしもそうではないことは、もちろん知っている。日本に長く住んでいてもほとんど母語か英語で生活している人も（それを選んでいる人も）たくさんいるし、その国に住んでいればそこで話されている言葉が自然にうまくなる、なんてことはない。

だからこそ、仕事で日本語を使う必要があり実際に使い続けてきた人は、自分の日本語にどのくらい満足しているのか知りたくなった。その意味でも、孫さんがインタビューの申し出を受けてくださってありがたかった。


中国語の自分と、日本語の自分の距離。

おそらく孫さんはそれを強く感じているのだろう。

「テレビ見て来てくれるお客さんと、長い話ができないのはつらい。僕の性格としてはやっぱりつらいです」という言葉が胸に沁《し》みた。「（自分は）もともとお喋りだし、中国語だったらわあわあ話すからね」とおっしゃっていたように、孫さんは談笑が好きで、得意な方なのだ。日本語で思うように言葉が出てこないと感じるもどかしさは、おいしい料理で人の心とお腹を満たし続けてきた孫さんにとって、他人が思うよりずっと強く切実なものに違いない。

だけど、今回、孫さんと話せてわたしは心から楽しかった。正直に、真剣に話してくれる人と言葉を交わす時間はかけがえのないものだと思った。この原稿をお送りしたあと、孫さんは「いいインタビューでした」と言ってくださった。嬉しかった。

ひとりにインタビューをすると、次のインタビューへのテーマが生まれる。

母語の自分と日本語の自分は「違う」のだろうか。母語以外の言語が堪能《たんのう》な人は、それぞれの言語を使う時、自分の中の何かが変わると感じるのだろうか。それとも。

その問いを携《たずさ》えて、わたしはイタリア出身のイザベラ・ディオニシオさんにお会いした。日本の古典文学をこのうえもなく愛する方だ。

第3章

「ひとり暮らしへの憧れが、日本語につながった」

イザベラ・ディオニシオさん（イタリア出身）

イザベラ・ディオニシオ
1980年生まれ、イタリア出身。ヴェネツィア大学で日本語を学び、2005年に来日。お茶の水女子大学大学院修士課程（比較社会文化学日本語日本文学コース）修了後、現在まで日本でイタリア語・英語翻訳者および翻訳プロジェクトマネージャーとして活躍。

『女を書けない文豪《オトコ》たち　イタリア人が偏愛する日本近現代文学』（ＫＡＤＯＫＡＷＡ）という本をある日、書店で見つけた。イタリア人研究者が書いたものが翻訳されたんだろうと勝手に思い、表紙カバーをよく見たら、翻訳者の名前がない。

日本語で、日本文学のガイドブックをイタリアの方が書いたんだ、と分かった。しかも（なんとなく）ダメ男の話って感じではないか。大好物！　面白そう！

というのが、その本の著者、イザベラ・ディオニシオさんとの（間接的な）出会いだった。

田山花袋《たやまかたい》の『蒲団』、谷崎潤一郎《たにざきじゅんいちろう》『痴人の愛』、太宰治《だざいおさむ》『ヴィヨンの妻』などの名作をビター＆スウィートに読み解《と》いたこの本で、わたしはいっぺんにイザベラさんのファンになった（本棚に長く置いてある尾崎紅葉《おざきこうよう》の『金色夜叉』を取り出したのは、イザベラさんのチャーミングな紹介のおかげだ）。著者プロフィールを見る。イザベラさんはヴェネツィア大学で日本語を学び、その後お茶の水女子大学大学院に留学。翻訳の仕事をしながら、日本の古典作品についてのエッセイをウェブで連載する他、ラジオにも出演されているという。

『女を書けない文豪たち』を読んですぐ、わたしはイザベラさんのデビュー作『平安女子は、みんな必死で恋してた　イタリア人がハマった日本の古典』（淡交社）も手に取った。清少納言《せいしょうなごん》の『枕草子』や、和泉式部《いずみしきぶ》『和泉式部日記』、菅原孝標女《すがわらのたかすえのむすめ》『更級《さらしな》日記』などが丁寧に愛情深く解読されていて、もし彼女たちがこれを読んだらさぞかし嬉しいだろう、『蜻蛉《かげろう》日記』を書いた藤原道綱母《ふじわらのみちつなのはは》はニヤリとするかもしれないな、と笑いながら想像した。なんと言っても、現代の、フレッシュな言葉で古典が紹介されている、そのコラボがたまらなく魅力的だった。

スリムジーンズにハイヒール。直接お会いできたイザベラさんは予想通り、颯爽《さっそう》としたすてきな方だった。お話を伺える嬉しさが先走り、せっかく本を持って行ったのに、わたしはサインをもらうのをすっかり忘れてしまった。

タメ口を聞いて「なんだろう?・」

『女を書けない文豪たち』は「私は日本文学をこよなく愛している」という一文で始まる。

昔から日本の小説がお好きだったのかな、なにか影響を受けた作品があったのかなと思い、日本語との出合いを聞いてみると、イザベラさんはすまなそうな表情をされた。

「実は……たまたまなんです。ごめんなさい、この企画に合ってないかもしれないんですけど」

たまたま⁉

いや、むしろそのほうが聞きたいです、と前のめりになってしまった。どんなたまたまだったのだろうか。

「そもそもの入り口は、大学進学です。イタリアは大学自体のレベルにそんなに差がなくて、ほとんどの人が実家から大学に通うんです。でも、私はものすごくひとり暮らしがしたかった。家を出て、同年代の人や学生と部屋をシェアするという生活に憧《あこが》れていたんですよね。

進学に際してはもうひとつ、言語関連の学部がある大学で学びたいという希望があって、その2つを満たすのが、東洋言語学の学科があったヴェネツィア大学でした。そこで『日本文学1』の講義を取ったことが、日本語との付き合いの始まりです。ヴェネツィアっていうカッコいい街で、親元離れて暮らせる、言葉の勉強もできる。そのベクトルが合ったのがたまたま日本語だったんです。

日本の小説を、イタリア語で読んだことはありました。高校生の頃、吉本《よしもと》ばななや村上《むらかみ》春樹《はるき》がちょうどイタリア語に翻訳され始めていて、普通に手に取って読んだりはしていたんですが、ああ面白いなと思いながらも『これだ！』みたいな感じではなかった。アニメも、子供の頃からいっぱい見てはいたけど、当時はそれが日本のものだとは知らなかったので、自覚的に日本の何かが好きだったというわけではないんです。不純な動機ですみません……」

すまなくないどころか、もともと強い関心があったわけではないのに、今こんなに日本語を突き詰められているなんてすごい！　とのっけから感動してしまう。

知らない言葉は採取し単語帳を作り、家でもラジオやテレビで日本語漬けの生活を選んだ

ヴェネツィア大学での勉強はどんなものだったのだろう。

「その頃のカリキュラムは、日本語そのものの勉強と日本文学がセットでした。文学の講義は、古典から現代まで時間の流れに沿ってひととおり網羅《もうら》されていて、イタリア語に翻訳された名作や、日本文学にまつわる論文を読むのがメイン。日本語自体の学習は、ごく初めはやっぱりひらがな、カタカナで、漢字も少しずつ覚えながら、教科書に沿っていろいろな文型を習っていきました。一緒に勉強していた大学生たちは、明確に日本に興味のある人が多かったので、自分、こんな中でやっていけるかな……？　と思ったけど、なんとか大丈夫でした（笑）。ただ、大学の講義なので、会話のレッスンはそんなになかったんですよ。ネイティブの先生は、発音を教えてくれたりはしたんですけど、日常生活で使われるような会話の練習はほとんどなかったです。

いろいろ学ぶことはできたものの、大学卒業の頃の日本語会話力は『お元気ですか？』『はい、元気です』みたいな感じ（笑）。大学では『です・ます』の言い方しか勉強しなかったので、２００５年に日本へ来てタメ口《ぐち》を聞いた時『あれはなんだろう』と思いました。友達と喋る時は、です・ますじゃないみたいだな、って」

日本語教育業界では「です・ます」のスタイルを「丁寧体」と呼び、いわゆるタメ口のスタイルを「普通体」と呼んでいる。丁寧体を勉強してから普通体に移行することが多いのだが、タメ口が簡単かと言うとそうではない。「昨日、車で海に行きました」をタメ口で言うと「昨日、車で海行ったんだ」「海に行ったんだよね」等になるが、語末の「よ」や「ね」も、結構難しいのだ。

「当時はタメ口が分からないくらい、もう全然片言だったので、知らない言葉を〝採取《さいしゅ》〟してては電子辞書で調べて、単語帳を作ってそこに書いていました。家に帰ってもラジオをつけて、ドラマもいっぱい見て、とにかく日本語漬《づ》けになるのが自分には必要だと思っていたので、イタリア人ともあまり話さなかった。今思うと、ちょっと感じ悪かったかもしれません（笑）」

文法は美しい

〈感じ悪かったかもしれない〉ほど、母語に逃げ込まず徹底的に「日本語で生活」していたというイザベラさん。息苦しいとか、つらいと感じたことはなかったのだろうか。

「勉強は全然苦じゃなかったんですけど、語彙がとにかく足りなかったので、日本語で自分が表現できないのがもどかしかったですね。もっと仲良くなりたい、もっと面白いこと言いたい！　という気持ちが強くて、いっぱい話してはいっぱい失敗していました。

苦労と言えば、自分が知りたいことのダイレクトな答えが得られない時、どうしたらいいかなと思うことはありました。

例えば、アルバイト先でみんなが喋っているのを聞いて『それは形容詞？　それとも名詞？』と質問すると『分からない』と言われたりするような時。言葉自体がどういう性質を持っていて、どういう働きをするのか知りたいんだけれど、その言葉を使っている日本人に聞いても、うまく説明できないと言われる。となると、その言葉が含まれている文章をとりあえず丸暗記するしかない。『な形容詞』とか、外国人が日本語を勉強する時の用語も、日本人にはポピュラーじゃないと思うので、歯がゆさを感じることもたまにありましたね」

そう、先ほどの「丁寧体・普通体」もそうだけれど、外国人学習者用の文法用語は多くの日本人には知られていない。また、言葉の意味を説明することはできても、文法的に説明するのは難しい。母語は一から勉強して獲得《かくとく》するものではないからだ。

イザベラさんがおっしゃった「な形容詞」というのは、いわゆる形容動詞のこと。「にぎやかな街」「きらいな料理」などの「にぎやか」「きらい」などが「な形容詞」だ。名詞の直前に置く時「な」が付くので、日本語教育業界では「な形容詞」と呼んでいる。一方「高いビル」や「寒い日」などの「高い」「寒い」など、名詞に接続する時「い」がそのまなのは「い形容詞」。いずれもごく初めの頃に習うものだが、活用が違うため区別して覚える必要がある。

「『な形容詞』って、名詞みたいなふるまいをするんですよね。同じ形容詞なのに『い形容詞』とは接続が違って、名詞っぽいところがある。文法って美しいと思います。大好きです」

その言葉を聞いて嬉しくなってしまった。わたしも文法が好きなのだ。自分が普段使っている言葉の中に文法という複雑なルールが埋まっていることに気付くと、なんて面白いんだろうと思う。覚えるのは大変だけれど、文法は語学の面白さを強烈に感じさせてくれるものでもある。

「たち」や「時制」

「驚《おどろ》いたこともいっぱいあります。日本語は名詞に男性・女性の区別がないのに、どうやって会話するんだろう？　と思いましたし、最初の頃、『えっ、そうなの？』と思ったのは、単数・複数をその都度《つど》はっきりさせるわけじゃないということ。例えば『あの公園に猫がいて』と言う時、1匹なのか何匹もいるのか、その文からは分からない。そのあとの内容で分かる。最初は不可解というか、慣れなくて、何にでも『たち』を付けたくてたまらない時期がありました（笑）」

日本語の単数・複数のかたちについては、わたし自身も「謎だよな……」と思うことがよくある。友達、という言葉には「達」が付いているが、必ずしも複数を意味しているわけではない。また「彼女たち」とは言うけれど「彼たち」という言い方はあまり聞かない。人間以外の生き物だと、虫たち、魚たち、子犬たち、なんていうのはオッケーだと思うが、すべての生き物に「たち」が付けられるかというとそうではない気がする。自然界だと「木々」「花々」「山々」のように「々」で言える、と思いきや「川々」はない。人工物で考えると「家々」はあるが「店々」はない。本とか服とかは……と思考を広げていくと、最近は「本たち」「服たち」と表現されているのを見ることもあるな、と思う。うーん、使う人の感覚ってこと……？

と思い悩んでしまうけれど、文法についての話は楽しい。時制の話には思わず「！」となった。

「『本を読んでいる時、電話が鳴った』という文の『読んでいる』は過去形じゃないけれど、後ろの動詞が『鳴った』になっているので、この文全体で過去の話だと分かります。本を読んでいるのも過去なのに、動詞が過去形にならない。日本語のこういうところも驚きでした。

イタリア語は、動詞の形がたくさんあるんです。近過去、半過去、大過去、遠過去。それが一人称、二人称、三人称でも変わるし、直説法、間接話法、条件法でも変化します。さっきの『本を読んでいる時、電話が鳴った』という文だったら、『本を読む』と『電話が鳴る』は、違う過去。本を読むのは時間的に長く続いている過去で、電話が鳴るのはその中に一瞬だけ入って来た過去。半過去と近過去のコンビネーションになるんです」

……イタリア語、難しそうだ。でも、時間を細部まで表現できるってすごいなと感動してしまう。

「動詞の形で、自分がどう思っているかも表現できるんですよ。例えば『どこかに行った』という事実をひとつ言う時だけでも、動詞の選び方によって、例えば『実は行きたくなかったんだよね』という気持ちを含ませることができます」

行為に対する気持ちも表現できるのか！

もちろん日本語も「行ったけど」「行ったものの」「行ったのに」「行ったとはいえ」のように、くっつける言葉によってニュアンスを変えることはできる。でも動詞の形そのものは変わらない。言語の「性格の違い」は、知れば知るほどわくわくする。

「日本語の独特な感覚は『〜かしら』『〜でしょう』『〜なの』みたいな、特徴的な語尾にもあらわれていると思います。この部分はイタリア語ではなかなか再現できないですね。でも、だからこそすごく面白いと感じます。それぞれの言語特有の概念《がいねん》が、表現に対する新しい見方を教えてくれるから。

たとえ母語であっても、考えていることを完全に伝えるのはすごく難しい。イタリア語では言えないけど日本語では言えることもあるし、その逆もある。パターンをたくさん知ると、自分の世界が内側からどんどん広がっていくし、心も豊かになるような気がします。外国語を勉強する楽しさは、それに尽きるんじゃないかな」

汚い言葉が足りない！

イザベラさんの『女を書けない文豪たち』の中に、日本語には汚い言葉が少ないので〈汚い言葉を真っ先に習いたい留学生は大体みんながっかりする〉というくだりがある。思わず笑ってしまい、うーん、日本語で人を強くけなしたい時は、どう言うかな？　とあれこれ思い浮かべてみた。××、△△△……。

確かに少ないような気はしたけれど、外国語に比べて多いか少ないのかは分からない。

イザベラさん、少ないですかね？

「少ないというか、足りないですね（笑）。イタリア語とかロシア語とかにはたくさんありますし、自分でも作れます。

日本語は、すごく怒った時、逆に丁寧になりますよね。恋人同士が『どうなさいます？』みたいに言い合ったりする。言葉で距離を作るんですよね。その感覚は面白いと思うんですが、カラフルな罵倒《ばとう》語があったらいいなあとも思います」

カラフルな罵倒語！　あったらどんどん使うだろう（内心で）。

そんなふうに「汚い言葉が少ない」と気付くのも学びの賜物《たまもの》だと思うが、イザベラさんは大学や大学院以外で、日本語を「習った」ことはなかったのだろうか。

エッセイなどの論旨をまとめた文章に赤字で添削が入った、イザベラさんの勉強ノート

「大学院に入る前、私より少し年上のフリーライターの方と仲良くなったんです。彼女に『書く力をつけたい』と相談したら、先生役を引き受けてくださって、1週間に1回、彼女の家で作文や小論文を教わることになりました」

イザベラさんは分厚《ぶあつ》いファイルを見せてくれた。鉛筆書きのきれいな字で埋まった作文用紙、小説やエッセイのコピーがぎっしりと入っている。

「この作品の論旨《ろんし》を50字以内で、とか、何がテーマだと思うか、というような宿題を出してもらい、毎回添削《てんさく》してもらいました。文学が大好きなんですと話したら、文芸誌とかから課題を探してくださって、ありがたかったですね。いろいろな表現や書き方のバリエーションも知ることができたし、質問も気軽にできて、ほんとうに楽しかったです」

なんてすてきなレッスンだろう。そのフリーライターの方にとっても、小説の解釈《かいしゃく》や文章について考えるきっかけになったに違いない。

「日本文学だけじゃなく、とにかく文学が好きで……どうしてそんなに好きなのか自分でもよく分からないんですけど、原語で作品を読んで、感じたことを伝えたいという気持ちがずっと強くあるんですよね。でも文学って、特に古い作品は、国を問わずあまり興味を持たれない。つまらないと思っている人が結構多い気がする。『学校で読まされるやつ』っていう認識。それに納得がいかなくて（笑）『ここが面白いよ』って、自分の言葉で言いたいんだと思います」

外国語は「腹筋」

そうだ、イザベラさんはそもそもなぜ日本の古典に興味を持ったのだろう。

「ヴェネツィア大学1年生の時、『日本文学1』の講義で『ムラサキシキブ』という名前を聞いたのが最初でした。そこから勉強が始まったんですけど、私的なやりとりにのみ使われたひらがなで女性が女性のために書いた文学がある、ということにものすごく心惹《ひ》かれたんです。

書き手の女性たちは貴族。私とは社会的地位が違う。時間も距離も言語も、全部遠い。なのに、今の時代に生きている私にダイレクトに届く普遍《ふへん》的な感情がたくさん入っている。頭の中の世界がほんとうに豊かで、あけっぴろげだったり、装ったり、人間臭《くさ》い。自由がなかった彼女たちは表現することに対してすごく必死で、私も書く時は必死なので、自分とリンクするものを感じたりもしてるのかな。

何より、物語としてすごく面白いですよね。紹介する時は、なるべく親しみやすく書こうとしています。身近に感じてもらいたいので」

そうなのだ、イザベラさんのブックガイドの魅力のひとつは、柔らかい言葉が絶妙なタイミングで登場すること。「バックシャン」とか「セカンドバージン」「姐《ねえ》さん」「ガセネタ」なんてフレーズが、古典や近現代文学の紹介に時空を超えて混ぜ込まれる。百年、千年前の作品がぐっとこちらに近づいてくる。

「〝採取〟した言葉を使って『うまくハマった！』と思えた時はすごく嬉しいですね。どこかで見聞きした時は別の文脈《ぶんみゃく》で使われていた言葉を取り出して、自分が作った文章にはめこんでみる。いつか使おうと思ってた言葉を書いている時って、もうウキウキしてるんです。実験みたいなものなんですけど、それがうまくいくと嬉しくて嬉しくて。ちょっと変態《へんたい》かもしれない（笑）」

変態どころか、たまらなくすてきだ。そういう実験こそ日本語学習者にやってほしい。

間違えてもいいから学んだ言葉をどんどん使って、自分のものにしてほしい。
と教える側としては思うけれど、一方で、間違えてもいいという気持ちでいるのはそんなに簡単なことではないとも思う。

「言葉はツール、道具なので、使わないと意味がないですよね。発音や文法はちょっとずつきれいにしていけばいい。言いたいこと、伝えたいことがあるかどうかが大事で、なかったらそっちのほうが問題だと思います。知らない言葉もそのうち自然と想像できるようになるし、もっと上のレベルに行きたいという気持ちも生まれてくる。外国語の勉強ってフェーズがあって、すごくその言語に染《そ》まりたい時と、嫌《いや》になっちゃう時がある。だからなおさら、最初は正確さにこだわらなくていいと思います」

一番初めに登場してくださったKさんもおっしゃっていたなと思い出す。「伝えたいこと」「言いたいこと」があるかどうかが大事なのだ、と。

「私も、だいぶあとになって、すごく間違った使い方をしていたと気付いたこともあります。一瞬だけ、ちょっと恥ずかしいですけど、間違えることに対してマイナスの気持ちはないです。外国語は腹筋《ふっきん》を鍛《きた》えるようなものだから、どうしたってたくさんやらないと身に付かない。繰り返しやっていかなきゃならないことには変わりがないので、どうしたら苦痛を感じずに続けられるか。私の場合はそれが日本文学で、読みたいものを好きな時に自由に読めたらなという願望が、いろんな言葉を知りたいという欲求につながっていったと思います。

来日して18年になるんですけど、来たばかりの頃は、長く住んでいれば完璧《かんぺき》に日本語が使えるようになると思ってたんですよね。でも、自分が辿り着きたい場所にはまだ行けてない。読んだり、書いたりする時は特に感じます。『なんでまだ「は」と「が」を間違えてるんだろう、私』みたいな」

「は」と「が」は、教える側としてもなかなかの懸案《けんあん》事項なんですよ……ともっともっと話したくなる。だめんず文学、罵倒語、イタリア語の文法。イザベラさんと話していると、楽しくて時間を忘れてしまう。

さて、孫さんのインタビュー後に思い浮かんだことを、イザベラさんに聞いてみよう。こうやって日本語を話す、話せていることを、イザベラさんはどう感じているのでしょう。母国語の自分と日本語の自分は、違うと感じますか？

「日本語で話している時の自分と、イタリア語の自分は人格が違います。声の出し方も、リアクションも、仕草《しぐさ》も変わります。違う生き物、別人です」

別人！

「日本での時間が、自分の日本語には全部入っている。記憶や経験、過去の荷物が言葉の中に全部含まれていて、それが今も続いている。だから、私にとって日本語は『ただの言葉』『外国語』じゃないんですよね。日本語で生きてきた自分がいるんです」

躊躇《ちゅうちょ》なくイザベラさんはおっしゃった。言葉は手段であり道具であり、自分を入れる器《うつわ》でもあるのだ。

「今年（2023年）、5年ぶりにイタリアへ帰るんです。以前は2、3年ごとに帰っていたんですが、コロナ禍だったので間が空いてしまって。

イタリアへ帰ると、あらゆる音が耳に入ってきて、最初はすごく疲れるんですよ。日本だと電車の中で本を読んだり、考え事をしたりできるんですが、イタリアではどこにいても、小さい声でも全部『聞こえて』くるので、脳内がお祭りみたいになっちゃうんです。

今回はどんな感じなのかなあ……ちょっと心配ですけど、久しぶりに『イタリア語の自分』になるのが楽しみです」

＊＊＊

イザベラさんはこのインタビュー（2023年5月）のあと、『悩んでもがいて、作家

になった彼女たち　イタリア人が語る日本の近現代文学』（淡交社）を刊行された。与謝《よさ》野晶子《のあきこ》、有吉佐和子《ありよしさわこ》、向田邦子《むこうだくにこ》など10人の女性作家の作品と人生を、イザベラさん自身の読書遍歴《へんれき》を混ぜ込みながら紹介した一冊だ。

これがまた滅法《めっぽう》面白く、ますますわたしはイザベラさんのファンになってしまった。牽強付会《けんきょうふかい》にならず、たくさんの資料から作品の意図《いと》を読み解こうとする誠実な姿勢、作家の身になって憤《いきどお》ったり喜んだりする、感情移入をためらわない筆致《ひっち》が心に響くだけでなく、時折《ときおり》開示されるイザベラさんの個人情報（イタリア人だけどエスプレッソやパルメザンチーズが苦手、電車に乗ってまで銭湯《せんとう》へ行く、等々）が親しみを感じさせ、イザベラさんに対する興味もページをめくるごとに湧《わ》いてくるのだ。

イザベラさんならではのクリエイティブな言葉は今作にももちろんたくさん盛り込まれている。例えば瀬戸内寂聴《せとうちじゃくちょう》を論じた章では、寂聴さんがかつて「子宮《しきゅう》作家」「ポルノ小説家」などと呼ばれていたことに対し、ガンガン不倫していたりお盛《さか》んだったりする男性作家はごまんといるのに、彼らは「前立腺《ぜんりつせん》作家」とか「呑《の》んだくれ野郎」とは言われなかったよね？　と書かれている（前立腺作家……！）。こういう造語のセンスは読書量の賜物でもあるだろうし、常に頭の中で言葉を探し、捏《こ》ね、解体しているルーティンの産物《さんぶつ》でもあるだろう。そして何と言っても「文学がたまらなく好き！」という熱い気持ち。何かを強く好きになり、深く追求することの格好良さに羨望《せんぼう》と敬意を覚えずにはいられない。

それにしても。文法について話すのはなんて楽しいのだろう。

次に会うことができたドイツ出身のマライ・メントラインさんとも、文法トークで大いに盛り上がってしまったのだった。

コラム
日本語クイズ❶

留学生には答えられて日本人には難しい問題

「いい」「きれい」「欲しい」「寒い」

種類の違うものがひとつあります。さて、どれでしょう。

人前で本や読書について話す機会をもらうことがときどきある。場を温めるために「わたしは日本語教師の仕事もしているのですが……」と前置きをしてこんなクイズを出す。「ゼロから日本語を勉強し始めた日本語学校の留学生が、入学して約1か月後には答えられる質問です」と付け加えると、皆、興味深げな顔で4つの言葉を見つめる。

「『欲しい』ですね」

多くの人はこう答える。

どうしてですか？　と聞くと「『欲しい』はｗａｎｔで、動詞だからです」という答えが返ってくる。

わたしはにやりとする。

「実は違うんです。英語じゃなく日本語で考えてみてください」

「じゃあ『寒い』ですか？　『寒い』だけは個人の感情ではなく、体感をあらわしていますよね」

「うーん、そうですね。でも、例えば、あまり面白くない話を聞いた時『さむっ』と言ったりすることありますよね。意味じゃなくて、種類の違いを考えてほしいんです」

日本語教師になるためのスクール（日本語教師養成講座）で勉強していた頃、やはりこのような問題が講師から出され、わたしも「英語だと○○だから……」とまず考えた。けれど講師から「言語によって品詞は変わりますよ。好き、は英語で「ｌｉｋｅ」だから動詞だと思いがちですが、日本語では形容動詞であり名詞でもあります。よく考えてください。好き「です」と「です」が付くでしょう？　日本語の動詞は「ます」が付きます」と言われ、確かに！　と思ったのだった。

そう、冒頭の問題もキーワードは「形容動詞」だ。イザベラさんの章で書いた「な形容詞」である。

４つのうち、ひとつだけ形容動詞がある。

あらためて説明すると、形容動詞は後ろに名詞を接続する時「な」が付く。４つの言葉に「家」をつけてみよう。

いい家
きれいな家
欲しい家
寒い家

答えは「きれい」だ。「きれい」は形容動詞（正確に言うと形容動詞の語幹）、その他の3つは形容詞である。

ではここでクイズです。傍線の部分で種類の違うものがひとつあります。どれでしょうか。

A　大きな家
B　有名な家
C　静かな家
D　にぎやかな家

答え：A。他の3つは活用する（「有名だった」「有名じゃない」「有名じゃなかった」のように形が変わる）形容動詞だが、「大きな」だけは活用しない。品詞は連体詞。

第4章

「私の日本語は基本、全部、想像」

マライ・メントラインさん（ドイツ出身）

マライ・メントライン
1983年生まれ、ドイツ北部のキール市出身。姫路飾西高校、早稲田大学に留学。ボン大学卒業後の2008年から日本在住。NHKドイツ語講座などに出演。2015年末から独テレビ東京支局プロデューサー。翻訳、通訳、著述、番組制作と幅広く活躍中の「職業＝ドイツ人」。

マライ・メントラインさんの名前を初めて知ったのは数年前。芥川《あくたがわ》賞・直木《なおき》賞の候補作を紹介し、受賞作を予想するWEBの記事を読んだ時だった。

書評家の杉江松恋《すぎえまつこい》さんとマライさんが対談する形でそれぞれの解釈を披露しながら、一作一作を深く掘り下げる。語彙の豊富さ、作品を説明する時の言葉の組み合わせの面白さ、思いもかけない視座と発想……なんてすごい、と（こちらは極《きわ》めて単純な言葉で）圧倒され、どんな方なんだろう？　とすぐ検索した。

マライさんが詳しいのは小説だけではなかった。国際情勢、アニメ、ミリタリー……守備範囲《はんい》の広さに比喩《ひゆ》ではなく目をみはった。プロフィールを見るとドイツ北部のキール市出身、高校の時に日本に留学した、とある。どんなきっかけで？　どうやって学んだらここまで外国語を自在に使えるようになるのだろう？

取材当日、マライさんはひらがながあしらわれたすてきなシャツを着てきてくださった。ドイツにいらっしゃるマライさんのご両親は今、毎週ひらがなを10個覚える、というように、日本語を表記から学ばれているそうで、マライさんはお二人からこんな質問を受けることもあるという。

「『き』を書く時って、つなげるの？　離すの？」

日本人は気にせず読んだり書いたりしているけれど、印刷の「き」と手書きの「き」は形が違う。「さ」や「り」もそうだ。なんかいろんな形があるみたいだよね、どれがほんとうなの？　とマライさんのご両親はおっしゃっているのだ。

ああ、その疑問、日本語学校でもすごくポピュラーですと言うと、マライさんは「私は『い』がね、難しかったんですよ」と話してくれた。「い」？

「い」「こ」「ふ」は悩ましい

「『い』って、2つの棒《ぼう》と棒の間に何もないじゃないですか。なんかこう、ちょんちょんが浮いてるだけみたいな。空間認識が必要というか、2つの短めの線を格好良くプレーシングする、配置するのが難しい。アルファベットに慣れてると、不安なんですよね」

不安！　「い」が、不安！

「アルファベットって全部密集していて、棒や曲線、どこかが必ず接している。完結してますよね。でも『い』って、どのくらい空間を作ればいいのか、棒の長さをどのくらいにすれば形が整うのか分からない。『こ』も、『い』とは逆の角度で空間に浮いてるし」

浮いてる！

そんな見方があったのか、とパワーワードの連続にのけぞりながら、でも確かに……とも思っていた。日本語学校で、学習者たちが書く「い」や「こ」を直すことがほんとうに多いのだ。棒がまっすぐでなく、かっこのようにカーブしていたり、長さが左右で極端《きょくたん》に違ったりするケースは珍しくない。升目《ますめ》の中の点線をなぞれば正しく書けるプリントを練習用に渡すのだが、形の把握《はあく》に果たして役に立っているのだろうか、と思うこともある。長年のそのもやもやに対するヒントが「不安」「浮いてる」という言葉に含まれているような気がした。

「『ふ』も、どこがつながってるのか離れてるのか分からなかった。4つのパートに分かれてるのか、それともひと筆で書いていいのか悩みました。そんなふうに、ひらがなを練習し始めた当時はどこがスタートでどこが終わりか分からなくて、感覚をつかむまでに結構時間がかかりましたね」

では「当時」の頃のことを聞いてみよう。そもそも日本になぜ興味を持たれたのだろう。

「6歳の頃、世界の子供たちの生活が紹介された絵本を読んで、日本の子供が布団で寝ていたり、みんなで銭湯に入って泡々《あわあわ》になっていたり、というのを見て『なんかすてきだな。体験してみたい』と思ったのが、日本に対する一番最初の印象です。

小学校の先生をしていた伯母《おば》が博物館のアジアコーナーに連れて行ってくれたりして、漢字とか文化にさらに興味が湧いてきたんですが、その伯母がある時日本へ行ったんです。ドイツに駐在していた日本人家族のお子さんを教えたことで、そのご家族が帰国したあと、日本の自宅に伯母を招いてくれたんですよ。2週間くらい滞在したのかな。

帰ってきた伯母から、日本のことをいろいろ聞きました。畳《たたみ》の部屋があって、ローテーブルで食事をすると器がたくさん出てきて、トイレに入る時はスリッパを履《は》き替えて……ドイツ人からすると、すてきな空間を作ろうとするために気を遣うってすごいと思いましたね。繊細だな、細かいところまでみんなが気にしているんだな、と。

自分自身が日本人と接点を持ったのは11歳の時です。オーストリアのユースキャンプに参加したら同じ部屋に日本人の子がいて、友達になって。キャンプが終わったあとも手紙の交換をしていました。ペンパルですね」

初めてできた日本人の友達は、マライさんにあるものをくれたという。

「ひらがなの一覧です。ちょっと丸っこい、丸みを帯《お》びた文字なんだなと感じました。その後、親とヨーロッパのいろんな国へ旅するんですけど、各国のガイドブックコーナーに寄ると、絶対日本語の本は分かるんですよ。文章の中に必ず『の』が入ってるから。あ、これ日本の本だよって、ちょっと得意げに言ったりしてました（笑）。『アルファベットじゃない文字』に惹かれてたっていうのはあるんですよね。ヨーロッパの文字はなんか読めちゃうけど、日本語はミステリアスで、これ読めたらカッコいいだろうなと思ってました。それで13歳の時、市民講座の日本語教室に入ったんですが……」

カードゲームでチャッチャッチャッ

読み書き等ができるようになりたいと思って入った日本語教室だったが、そこで使われていたテキストが……。

「ビジネスパーソン用のテキストだったんです。例文も『工場の中を案内します』とか『残業《ざんぎょう》します』『本社に転勤《てんきん》します』みたいな（笑）。しかもほとんどローマ字で、多分、日本に出張するドイツ人男性が必要とする日本語会話を網羅してたんでしょうね。でも13、14歳の自分には、あまり現実的じゃなかった。1年間頑張って勉強はしたんですよ。したんですけど、さすがに中学生だから『本社に転勤』はしない。知らんがな、って（笑）」

その後、15歳の時にはいい学習場所に出合えたという。

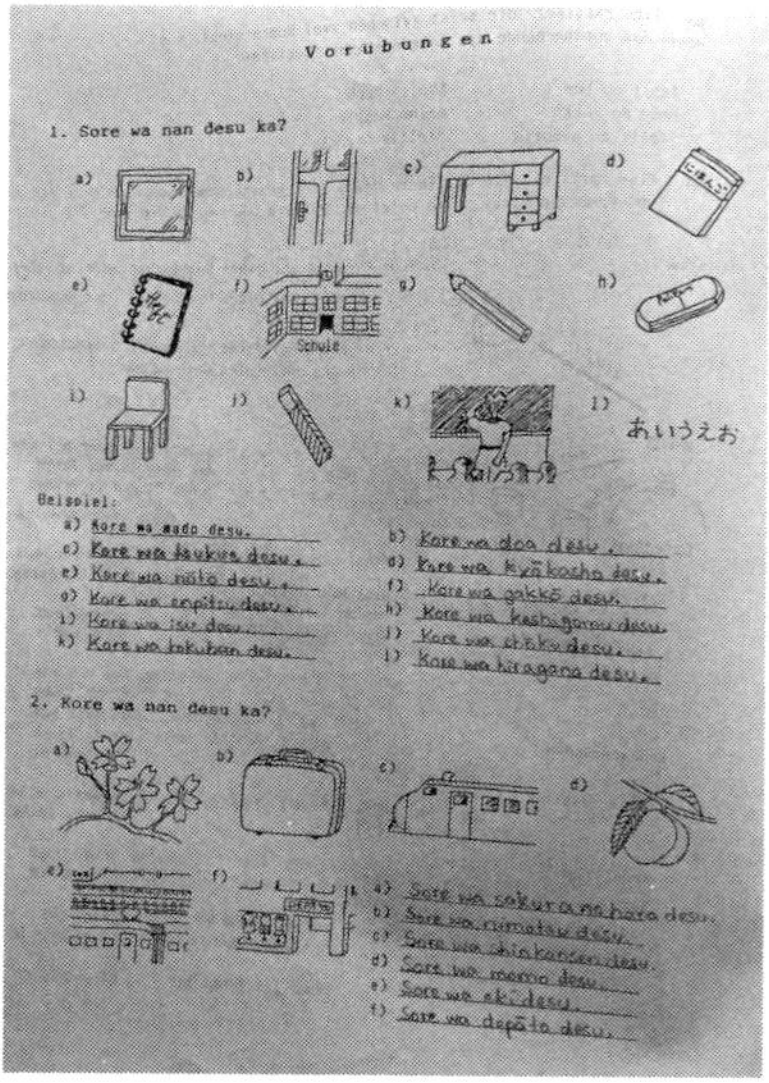

ローマ字表記で学ぶタイプの教材

「地元キールにあった別の高校の『日本語クラブ』に入ったんです。感覚としては部活みたいな感じかな。お願いして入れてもらいました。

そこで使われていたのは、ベルリンの日本語文化センターが出している高校生のための日本語教材で、『日本の友達に手紙を書く』とか、リアルに想像できる場面が設定されているテキストでした。だから楽しかったですね。

ドイツの高校は、第1外国語はもちろん英語で、第2は大体フランス語かラテン語、第3はそのどちらかというパターンが多いんです。人口が多い地域だとスペイン語の選択もあったと思うんだけど、その『日本語クラブ』があった高校は、第3外国語で日本語も選択できたんですよね。日本語を選んでいなくても、興味のある子のためにこの部活が設けられていました。私が入れてもらった時は、15人くらいいました。一緒に映画を見たりもしましたね。黒澤明《くろさわあきら》の『乱』。初めて見た日本の映画だったと思います。みんなで『おお！』ってなりました。今考えると渋いですね（笑）」

その頃のマライさんの日本語力はどのくらいだったのだろう。

「クラブには途中から参加したんですが、初めて参加する前にもらった教材を1日で半分以上読んで『あ、だいたい分かるな』と思いました。『学校』とか『授業』とか単語もいっぱい覚えて、クラブが始まった時はわりとついていけてる気がしましたね。形容詞の活用とか、動詞が最後に来る語順とか、例のビジネス日本語レッスンでやっていたので入りやすかった。ひらがなも頑張って覚えました」

その覚え方が面白い。自分でカードゲームを作ったというのだ。

「『KA』と『か』みたいに、ローマ字とひらがなのカードを組み合わせて確認するゲーム、日本で言う神経衰弱ですね。高校の、あまり興味のない授業の時に、机の下でチャッチャチャッチャッて、カードをシャッフルしてやってました。ひらがなの表を全部自力で書けるのか、間違ってないか試《ため》したかったんです」

そして16歳の時、マライさんは日本の高校に留学する。

「それまで留学生を受け入れたことのない、兵庫県姫路《ひめじ》市郊外の県立高校に留学しました。周りは田んぼで、すごくのどかなところ。そこで日本人とまったく同じ授業を受けました。もうね、全然分からないですよ（笑）。特別扱いはされなかったので、日本人のクラスメイトと一緒に教室にいて、途中からテストも同じものを受けました。本文も質問も読めないんだけど、選択肢があるから適当に○を付けたりして、4点取ったりしました。

思い出すのは、歴史の授業を受けていた時。教室の一番前に座って黒板を見ていたら、なんかひとつの漢字が何度も出てくるなあと思って。あとから知ったんですが、それは帝国の『帝』でした。見よう見まねで字を書いてクラスメイトに見せると『これ違うよ、マライ』『こう書くんだよ』って言われる。『ほう……』って思うんだけど、直されても何が違うのか分からない。ほんとに最初はそんな感じでした」

何もかも分からない学校に毎日通う。嫌になったりしなかったのだろうか。

「担任の先生が英語の先生だったので、そこは安心でしたね。そもそも、その先生が「うちのクラスに外国人の子がいてもいいよ」と言ってくれたので、留学できたんです。クラスにも優《やさ》しい友達がいて、英語と易《やさ》しい日本語で話してくれたりして、少しずつ聞き取れるようにはなっていきました。なんだったかな、明日から冬服に切り替《か》わるよ、って話を先生がした時『マライ、分かった?』と聞かれて『うん。この服じゃなくて違う服着るんでしょ』って言ったら『おお、すごい。分かったね』って。そんなこともありました。

でも、聞き取れてもじゃあ日本語話せるかって言ったら、さすがにそうはいかない。誰かの会話を聞いていて『あ、今の分かったぞ。私も何か言えるぞ、よし』と思って喋ろうとするんだけど、そうやって考えている間に話題が全然別のほうに行っちゃって、ああ間に合わなかった……と思うことの繰り返し。ドイツだと16歳ってほぼ大人って感覚で、だからなおさら『大人なんだからきちんとした文章で話したい』と思うわけですよ。プライドと、恥ずかしい思いをしたくないという気持ちが混ざって、なかなか自分から話すことができませんでした」

理不尽な「日本語クラス分けテスト」

最初から積極的に日本語を使っていたわけではない、というマライさんの高校生活。話したい、話そうと思うようになったのはいつ頃だったのか。

「きっかけは修学旅行です。留学して4か月くらい経った頃。シンガポールに行くことになったんです。いつもと違うところでクラスメイトと数日間過ごすって、プライベート感が増すというか、半分非日常になる感じがあると思うんですけど、ここがチャンスだと思った。思い切って日本語に切り替えよう。心に決めたんです。場所が変わることで、自分も変われるんじゃないかと。

多分私は、難しく考えすぎていたんですよね。誰も私が言ってること分かんなかったら虚《むな》しいな、とか、変な顔されたらどうしようとか。リラックスするためのきっかけが何か必要で、それが修学旅行だったんですね。

今もときどき連絡取ってる友達が『あの頃、マライが言ってるのが今のことなのか過去なのか未来なのか、正直分かんない時もあった』って言ってて、まあ一気にうまくなったわけじゃないですけど、修学旅行以降はもう全部日本語で通しました。

今思えば、新しい単語を吸収できるようになるのに4か月かかったってことなのかな。その後の2か月は結構話せるようになって、残りの4か月はスピード感も出てきて、どんどん良くなっていったんじゃないかと思います」

その後、マライさんはドイツに一旦戻り、ボン大学で日本地域研究を学ぶ。3年生の時には早稲田大学に留学。しかしクラス分けのレベルテストで思わぬ経験をしたという。

「このテストが〈早稲田で教えている日本語〉に沿ったテストだったんです。例えば『昨日は頭が痛かったです。〇〇〇休みました』の〇〇〇を『だから』と書くとバツ。『なので』じゃないと正解にされない、みたいな。1から8まであるレベルで、7、8は上級。私は5に入れられたんですが、あまりにも簡単だったので抗議したら6になりました。でも6でも物足りなかった。レベルを一気に2つ上げることはできないっていうルールがあったので、次の年にまた抗議して、やっと8に入れてもらいました。

別に攻撃的な性格ではないんですよ（笑）。でも、勉強しに来ているんだから、という思いがあった。高いレベルのクラスでやれる気がしたし、そこできちんと勉強したかったんです」

「日本人はそんな日本語を使わない」？

大学生活は、戸惑《とまど》いも少なからずあったようだ。

「日本人の友達を作りたかったけど、これがね、意外に難しかった。留学生のいる建物に来る日本人学生はそこで英語を学び、英語を話したいわけです。でもこちらは日本語でコミュニケーションしたい。嚙み合わないんですよね。私はのちに夫になる人とたまたま知り合ったので日本語でやりとりできたんですけど、留学生の中には英語の練習台にされるのがつらくてフランス語しか話せないよっていうふりをしていた人もいました。

言葉の学習でも、ちょっと『それはないんじゃないかな』って思うこともありました。『日本語でこんなふうに言いますか?』と質問すると『日本人は言いません』とか『そんな日本語はない』って言う先生がいてね。他の日本人に聞くと『言うことあるよ』って言われたりして、うーん……ってなることがありましたね」

日本語を教えていると、つい「日本人は……」と言いそうになる時がある。「日本人」という大きい主語で、言葉の正誤《せいご》について断言するのは要注意だとそのたびに思う。自分の言語感覚は絶対ではない。

「全否定されると、こちらとしては結構キツいんですよね。日本人の日本語に近づきたいと思って頑張っているけれど『やっぱり〝外人《がいじん》〟だから分からないと思われているのかな』という気持ちになってしまう。言葉ってフレキシブルなものだから、意味や使われ方の変化もあると思うんです。

私が姫路の高校に留学していた1999年から2000年、『やばい』っていうのはほんとうによくないこと限定の『やばい』だったんですよ。でも、大学留学の頃には『すごい』『たまらない』っていう感覚も付加されて、使い方がすごく広がった。急激に変わったんですよね。『おっしゃられる』みたいな二重敬語もそうですけど、みんなが使うと、文法的に正しいかどうかは別にして『普通の言葉』『存在する言葉』になる。だから常に気にしてインプットしていかないとと思います」

言葉を細分化する

そう、Twitter《ツイッター》（現X《エックス》）を見ていても思うけれど、マライさんは「言葉の操り方のバリエーション」がすごく豊富なのだ。語彙を増やすには何かコツがあるのだろうか。

「日本語を勉強し始めた頃はインターネット環境がなかったので、新しい言葉を聞いたらいつも意味を想像してました。なので私の日本語は基本、全部、想像です」

基本、全部、想像！

「うん、とにかく想像。例えば、さっき言った『虚しい』って言葉、ドイツ語には完全に重なる単語がないんです。で、周りの人が『虚しい』を使った時に、『悔しい』『悲しい』『寂しい』に近いらしいとまず想像します。近いけど一致していないというのは分かるので『大体ここらへんの意味なんだな』って見当《けんとう》をつけて、さらに人の言葉を観察する。こういう時も使われたし、この時も言ってたよね。ということは……、みたいな感じで探っていく。細分化して、自分の中で突き止める。

そういう作業がね、もう、すごく楽しいんですよ。辞書を一切引かないで、感覚で覚えた日本語の単語も多いから、辞書通りの意味じゃないかもしれないです。でも、いろんな文章書いたりする上で、その方法は悪くなかったんじゃないかと思ってます。むしろ良かったんじゃないかと」

あえて手間をかけると言うより、マライさんはきっとあれこれ考えるのが、言葉を探検するのが好きなのだ。

「好きですねー。言語マニアなところはあるかもしれない。人が言葉をどうやって使うのか、その使い方に興味があります。

中国へ旅行した時も、夜テレビつけて、何を言ってるのか解読したくてずっと見ていたら、『今、絶対にこういうこと言ったな!』って思う場面があって、夫に『ね、そうだよね』って話しかけると『ふーん』みたいな反応がかえってくる(笑)。自分の見立てが正しいのか確認もできないんだけど、なんか釘付《くぎづ》けになっちゃうんですよね。

子供の頃、キャンピングカーであちこちの国へ行った経験が『好き』の根っこにあるのかもしれない。キャンプ場にいるいろんな国の子供たちが、自分とは別の言葉を喋ってる。しかも上手に。それをすごく面白く感じたんですよね。同じ子供ができるんだから、自分にもできるんじゃないか。他の国へ行けばその国の言葉を勉強するし、別にそれは苦じゃないんじゃないかって思っていた気がします」

苦じゃないと言われると、日本語教師としてはとても嬉しい。言語マニアのマライさんの目に、日本語はどんな言語に映っているのだろうか。

「シンプル。すごくシンプルです。『食べます／食べました』『食べません／食べませんでした』の2つの時制しかない。それで全部できちゃうんだ、楽！　って最初は思いました。ドイツ語は男性名詞、女性名詞、中性名詞もあるけど、日本の名詞には性別もないし複数形を覚える必要もない。でもその分、通訳する時にちょっと困ることもあります。『子供がフランスにいて』って言われたら、何人いるんだろう？　って思う」

時制、名詞の性別、単数複数についてはイザベラ・ディオニシオさんもまったく同じことをおっしゃっていた。日本人は日本語を難しいと思っているふしがあるけれど、こういう話を聞くと「日本語って、難しいんだろうか？」と思わずにはいられない。

「ひらがな、カタカナ、漢字。表記が3種類あるとか敬語があるとか、もちろんハードル、特徴はありますよね。あと省略。日本語は省略が多くて、ふわっとしてる。ドイツ語はかっちりしてて省《はぶ》けない文化なんですけど、日本語は『私は』っていちいち言わないとか、省くほうが自然な言語。そのことに気付いて『よし、省いてみよう』って思って試してみると、省くところが良くなくて伝わらなかったり、そういう試行錯誤《しこうさくご》はありました」

省くほうが自然、そうなのだ。例えばわたしたちは普通に「明日、台風が心配だよね」と言ったりする。台風「のこと」が心配なのだけど、それは「子供のことが心配」とは違う。「明日、台風が（来るから電車が止まるかもしれないということが）心配だよね」のように、相手と自分に共通認識があることが分かっているから（　）の部分を省いているのだ。

「三島《みしま》は読んだよ」みたいな例もある。三島＋読む、と言えば作家の三島由紀夫《ゆきお》のことだと想像がつくので苗字《みょうじ》しか言わず、かつマライさんがおっしゃるように「私は」は言わないことが多いので「三島（由紀夫の小説）は（私は）読んだよ」とダブルで省略される。「三島（さん）は（この本を）読んだよ」ではないのが、考えてみれば面白い。

迷惑の受身・悲しみの受身

ところで、マライさんはこのインタビューの前に、日本語を学び始めた頃に使っていたテキストや問題集、ノートの画像を送ってくださった。お父様が保存されていたのだという。ひらがなや動詞の活用の練習、難解《なんかい》な言葉を調べた記録など、地道な学習の軌跡《きせき》がそこにあった。

今回、わたしはマライさんに見てもらおうと思い、日本語学校で長く使われている初級の定番テキスト『みんなの日本語』を持って行った。「あ、これ有名なやつですよね。知ってます知ってます」とマライさん。いわゆる「文型積み上げ式」の、2冊セットの教科書だ。日本で暮らしていくのに十分な語彙や文法が網羅されている。

「中学の頃、ビジネス日本語を習ったって話をさっきしましたけど、途中でいきなり難しくなったことがあったんですよ。『雨に降られた』みたいな例文が突然出てきたんです。『降られた』は、動詞の受身形ですよね。ビジネス日本語だと敬語が欠かせないから、その準備段階として出てきたのかもしれないですけど」

マライさんの見立てはおそらく正しい。「部長は資料を読まれる」「社長は明日休暇《きゅうか》を取られる」の「読まれる」「取られる」は、動詞の受身のかたち、受身形だ。それがそのまま尊敬語としても使われる。なので「雨に降られた」という文がテキストに出てきたのだろう（とはいえ、動詞の活用も順序立てて提示したほうがいいので、いきなり受身形が出てきたら「んん？」となるのは当然だ）。

受身形には特徴がある。「母に日記を読まれた」「弟にお菓子を取られた」のように、嫌なことをされた！と感じた時に使えるのだ。日本語教育業界ではこれを「迷惑の受身」

と呼んでいる。

「あ、『迷惑』なんですね。ドイツ語では『悲しみの受身』『悲劇の受身』って表現してたと思います。……面白いですよね。ドイツ人だったら、雨を主役にして『そいつが私になんかした』って言い方はしないと思うんです。普通に『雨が降って濡《ぬ》れた』くらいの感覚。日本語の表現で似たようなのだと、他には『親に死なれた』『子供に泣かれた』とか、かな。迷惑っていえば、『ちょっと』も迷惑を表しますよね。拒絶というか」

そう、『みんなの日本語』でも、最初のほうで、断りの表現として「ちょっと」が出てくる。コンサートに誘われたというシチュエーションの会話文の中に「金曜日の晩はちょっと……」という一文があり、「ちょっと……（←この「……」が肝心《かんじん》）」で日本人は、都《つ》合《ごう》が悪い（から断りたい）ことを示す、と教師は教える。ダイレクトに言わないのが日本語の性格でもあると暗《あん》に伝えるのだ。

「この間、外国人3人で、取材で関西地方のある島へ行ったんです。夕飯を食べようと思ってお好み焼き屋さんに入って『すみません、3人なんですけどいいですか?』って言ったら店の人に『ちょっと』って言われて。空いてる席もあったから『あ、だめですか?』って、慣れた感じの日本語でもう一回聞いて、でもやっぱり返ってきたのは『ちょっと』。差別的なことを言われたわけではないけれど、結構こたえましたね。他の2人はほとんど日本が初めてだったし、そういう日本を見せたくなかった。去年(2022年)も、インバウンド観光動画のために取材したかった温泉旅館に連絡したら『撮影はちょっと』って言われて、ああそうなのか、と思ったことがあります。

スタッフがあまりいないとか、いわゆるしきたりが分からない外国人に服のまま湯船に入ってほしくないとか、外国人を相手におもてなしをできる自信がないとか、事情があるのかもしれないな、って思おうとはするんです。だけどどっかですごく心が痛い。『ちょっと』って、よく使われるけど結構大変な単語ですよね」

相手にダメージを与えたくない気持ちと、曖昧《あいまい》にしておきたい気持ち、その両方が「ちょっと」には含まれている。日本人ははっきり言わない（言われない）ことに慣れているので、少しでも強い言葉を聞くと不必要に重く感じてしまうのだ。「やめてください」と言わず「ご遠慮《えんりょ》ください」「ご配慮《はいりょ》ください」という言い方を好むように。

「そうそう。強い言葉はなかなか使えないですよね。『全部は言わないけど、察《さっ》してね』っていうのが日本語の前提で、自然な言い回しを身に付ければ会話がスムーズに進むかといったら、そうじゃない。違和感を与えないように喋るのがすごく肝心。突っ込んだことを言うと、相手が『あ、そうか、今自分は外国人と話してるんだ』って急に我に返ったような表情をすることがあって、やっちゃった……と思うことがあります、今も。日本語を間違えた時も『あ、この人外国人なんだ』って思われるわけですけど、そういう時に『でもマライさん、日本語うまいですよね』って言われるんですよ。面白いなあと思います。うまくなるにつれて、うまいですねとは言われなくなるのに、間違えるとうまいですねって言われる（笑）。あれはなんの現象なんだろうな」

難しい日本語ができてすごいですね、という気持ち、労《ねぎら》い、驚き、畏敬《いけい》。それらが表出《ひょうしゅつ》したのが「うまいですね」だ。ごく自然に出てしまう言葉ではあるが、日本語は難しい、という前提があるのは先ほども述べたが不思議なことだし、「うまいですね」は感嘆《かんたん》であると同時に「評価」でもある。故《ゆえ》に評価する側、される側という線引きも浮かび上がる。つまりそれは、日本人かそうでないかという心の線引きだ。

日本人って誰のこと？

マライさんと話していると、そしてマライさんの書評を読んでいると、日本語のレベルがわたしより断然上だと感じる。それは、尊敬する日本人の書き手に対して思うのと同じで、ドイツ人なのにすごい、という気持ちとは違う。

「私、プロフィールに『職業はドイツ人』って書いてますけど、半分はパロディです。マインドの半分は日本人ですよ。ドイツ人でもあるけど、ある意味日本人でもある。

数年前、ドイツの公共放送が面白い番組を作ったんです。『どうであればドイツ人なのか』っていうテーマで、『言葉が達者《たっしゃ》なら』『価値観を共有していれば』『5年住んでいれば』『血のつながりがあれば』みたいに幾つかの条件があって、さてどうなんでしょうという趣旨《しゅし》の番組。

こういうこと考えるの、いいなと思ったんです。日本の政治家が『日本国民の皆さん』って言う時、日本で、日本語喋って暮らしている自分は含まれているのかなと思うことがあってね。『日本国民』に替えて『日本に住んでいる皆さん』って言ってくれるといいなあ、と思ったりします。

そうそう、私日本に15年くらい住んでますけど、一度も使ったことない日本語があります」

なんだろう？（日本語には数少ない）汚い言葉だろうか？

「『いいえ』です。使わないよね？『これ、もう読みましたか』『いいえ、まだです』って言わないよね？」

「一度も使ったことがない日本語は『いいえ』」といたずらっぽく話す

確かに……言わない。でも教科書には必ず出てくる。ごくごく最初に習う「○○さんは日本人ですか」「いいえ、日本人じゃありません。中国人です」のような例文が思い浮かぶ。わたし、使わない言葉を教えてるってことですね！

「ははは。そういう時は『いえ、中国人です』って言いますよね。『いいえ』じゃなくて、『いえ』。強くノーって言いたい時は『いえいいえ』を使うし、読んでますかって聞かれて読んでない時は『あ、読んでないですね』みたいに言うし。

『はい』の意味の『ええ』もあまり使わないですよね。『ええ、好きです』みたいな感じの。あ、それから『あなた』も……なんかいっぱいあるよね（笑）。『知ってるのに使わない日本語』って本があったら面白いですよね」

いいタイトルですねえと笑い、あれも、これもと出し合う。言葉の話はほんとうに楽しいとあらためて思う。そう伝えるとマライさんも頷《うなず》いてくれた。「私の日本語の旅、いろいろあったから」と。

「夫は『マライはドイツ語を話すと人格が変わるね』って言うんですけど、それは言葉の文化に合わせてるんですよね。ドイツはちょっと強めに言わないとなめられるところがあるから、強いモード。日本は柔らかいモード。スイッチを切り替えてる感覚です。

でも、どちらかが不自然だとか、自分らしくないとかってことはない。今、日本語を喋っているという意識もないです。ほんとうに自然。

と言っても、私は母語話者と同じには絶対なれない。日本人並みには。だけどそれはそれでありかなあと思ってるんです。完璧にはできないけれど、だったら自分ならではのちょっと遊んでる感じの日本語で、書いたり喋ったりしてもいいんじゃないかな。そう思っています」

＊＊＊

ひらがなの形の話題から楽しさ全開のインタビューだった。

修学旅行がきっかけでどんどん話すようになった、というエピソードは実はちょっと意外だった。マライさんは自分から話しかけていくタイプなんだろうと勝手に思っていたのだ。

日本語にしばしばあらわれる省略、動詞の受身形、誰もが知っているのに使わない言葉……掘り下げて行ったらどこまでも話が広がっていくだろうと思った。

でも、「大学時代、日本人の友達を作るのが意外に難しかった」ことや「ちょっと……」のひとことでやんわりと断られたという話には、ああやはりそういう経験をされているのだと少しつらい気持ちになった。やはり、というのは留学生からも似たようなことをときどき聞くからだ。

日本人には本音《ほんね》と建前《たてまえ》がある。

おそらく日本人が思う以上に、日本に関心のある外国の人たちは「そう」見ている。事実かどうかではなく、それが日本人のベーシックな気質だということは知っているよ、というふうに捉《とら》えられていると感じる。

「ちょっと……」も「建前」だ。文字通り「前」に「建」てる言葉。いいですか？ かまいませんか？ という問いに「あ、ちょっと……」と答えればそれは断りや拒絶であると日本語話者は分かる。「だめです」「嫌です」などの本音は（もちろんその人の性格やシチュエーションにもよるけれど）口に乗せるとなんだかとても後味《あとあじ》が悪い。慣れていないという感じがある。

だけど「ちょっとだめなんです」だったら言えそうな気もする。「ちょっと」の力を借り、かつ、相手の感情に訴《うった》えかけるニュアンスのある「〜んです」を加えて、やっと言いやすくなる。

断る時だけでなく、ためらっている時、言い出しづらい時、柔らかさを足す時、本来の「少し」の意味で使う時――「ちょっと」なしでは言語活動は成り立たない。暮らしていけない。あまたある言葉の中で、もしかしたら一番「日本人らしい」言葉かもしれないとマライさんの話を聞きながら思った。

次にお話を聞くことのできたフィンランド出身のラウラ・コピロウさんも、マライさん同様、高校時代に日本に留学した経験のある方だった。マライさんはドイツで日本語を学んで来日されたが、ラウラさんはどんな理由で日本を選んだのだろう。

第5章

「心に一番近い言葉をいつも探している」

ラウラ・コピロウさん（フィンランド出身）

ラウラ・コピロウ
フィンランド出身。駐日フィンランド大使館商務部上席商務官。ライフスタイル担当（建築・デザイン・食品・サウナ）。高校生の時、北海道・函館に留学し、大学で早稲田大学に留学。その後、国費留学生として北海道大学大学院に入学し、修了。日本大手企業での就職を経て、2018年から現職。パフェ愛好家としても知られ、インスタグラム（@laura_finrando）には美味しそうなパフェの写真が並ぶ。

フィンランド出身のラウラ・コピロウさんは、筋金入《すじがね》りのパフェ愛好家だ。フィンランドの情報や文化を伝える仕事の傍《かたわ》ら、日本全国をまわって様々なパフェに「会いに」行く。1年間に500個以上のパフェを味わうこともあるという。

パフェは、日本生まれのスイーツだ。ネーミングはフランス語で「完全な」という意味のparfait《パルフェ》から来ているとも言われる。ラウラさんのインスタグラムには工夫と意《い》匠《しょう》が凝《こ》らされたパフェの写真がずらりと並んでいて、見ているだけで心が華《はな》やぐ。ひとつひとつ完全な世界がそこにあり、器も、器を載せているお皿も美しい。フルーツやムース、ソルベ、ジュレなど、パフェの「構成」をラウラさんは毎回丁寧に紹介していて、新しい日本文化の定着を教えてくれているようだ。

そんなラウラさんが初めて来日したのは2006年、17歳の時。函館《はこだて》市の高校に留学したとプロフィールにあるのだが「日本への留学って面白いかも、とふと思った」と書かれている。「ふと」？　どういう経緯で「ふと」が生まれたのだろう。

まずそこから聞いてみた。

日本だったら合うかもしれない

「私が通っていたフィンランドの高校は、留学する人が結構多かったんです。自分も行ってみたい、と思って受け入れ先の国のリストを見たらほとんどのところが締め切りになっていて、残っていたのが日本を含めた数か国。あ、日本、なんかいいね、と国名を見て思いました。一瞬の思いつきですね。

ＴＯＹＯＴＡとかＣａｎｏｎ、『ポケモン』や『ルパン三世』は知っていたし、『ファイナルファンタジー』もずっとやってて、好きでした。でも、それが日本のものだとはあまり意識してなかったかな。だからほんとうに『ふと』。わりと何でも思いつきでやってしまうタイプなんです」

漠然《ばくぜん》としたイメージで日本に留学することに決めたというのは、なかなかすごい。

「確かにね。ただ、『この国だったらなんとかなる』って思ったんですよ。国民性がフィンランドに近いんじゃないかな？　っていう、予感めいたもの。だから、表面的には一瞬の思いつきではあるんだけど、自分の奥深くにある軸《じく》や芯《しん》に触れたというか、多分そんな何かがあったんじゃないかと思います。

でも、日本への留学はお金がちょっと高かったので、親になかなか言えなかったんですね。で、妹に『なんかちょっと日本行きたいんですけど……』ってこっそり打ち明けたら、妹が母に『お姉さん、日本に行きたいらしいよ』ってすぐ言っちゃって（笑）。そしたら母は『日本は安全だし、他の人ができないことを学べるんじゃない？』と、思いがけずすんなり賛成してくれました。

留学先で人気だったのはフランスで、それはやっぱりフランス語を学んでおけばヨーロッパでの仕事に役立つからなんですけど、母は『ラウラはシャイだから、フランスは合わないかもしれない。日本だったら性格が合うかもしれないよ』って言ってくれました。フィンランド人ってすごくシャイな人が多いんですよ。私も当時は恥ずかしがりやなところがあったので、母の言葉が後押しになりました」

ＡＦＳという留学協会の面接に合格し、函館白百合《しらゆり》学園高校に入学。ホームステイしながら学校に通った。

「フィンランドでひらがな、カタカナを頑張って覚えてから日本へ行ったんですけど、会話は挨拶程度。ホストファミリーのご家族が、私の日本語をきちんと直してくれたのはありがたかったですね。『おはよう』って言うと『〈おはようございます〉だよ』というような感じで、面倒くさがらず指摘してくれました。『いいよいいよ、外国人だから』みたいに扱われなくてほんとうに良かった。いいご家族に恵まれました。

ただその家が学校まで遠くて、片道3時間かかったんですよ。部活をやりたかったので別の家にステイさせてもらうことになったんですが、ちょっとうまくいかなかったんです。

私がまったく気付かずに、その場に相応《ふさわ》しくないようなことを言ってしまった時が、多分あったんですよね。その場では指摘はされなくて、時間が経ってから『あの時、こう言ってたけど……』と、ことわざとかを使って教えてくれたりしたんです。だけど、当時はことわざも、微妙なニュアンスも分からないし、分からないことすら分からないから、質問もできない状況でした。遠回しに伝える、迂回《うかい》して説明する文化が日本にはあるんだと気付いた最初の経験でした。

3つ目のホームステイ先のお父さん、お母さんにはすごく良くしてもらいました。フィンランドの母が日本のお母さんに会いに来たり、今も家族ぐるみでお付き合いさせていただいています。この間も電話したばかりです」

「聞くだけ」の日本語レッスン

日本での高校生活についても聞いてみよう。クラスには他にも留学生がいたのだろうか。

「私ひとりでした。でも、その環境で勉強できることが嬉しかった。やるからにはちゃんとやりたいと思っていたし、もし英語で話しかけられても英語では答えない、日本語で返そうと初日から決めていました。英語は便利すぎて、使い出したらキリがないから。

とは言え、入学した頃はほんとに語彙が少なくて、レスポンスできないこともありました。函館にはあまり外国人がいないから、その分興味を持ってくれたというか、距離を感じずに接してくれたクラスメイトもいて、全然言葉が通じなかった隣の家のアキコちゃんがミスタードーナツに連れてってくれたりしました。初めての日本のカフェで、話せないけど楽しかったですね」

マライ・メントラインさんも日本の高校に留学した時のことを聞かせてくれた。マライさんは同級生とまったく同じ、日本語だけの授業を受けたと言っていたが、ラウラさんもそうだったのだろうか。

「はい。免除してもらったのは古典と現国だけで、あとは全部、クラスメイトと一緒に受けました。歴史は来なくていいよと言われたんですけど『いやいや、出ます』って言って（笑）出席しました。

すごくラッキーだったのは、外国人に日本語を教える資格を持っていた先生がいたことです。免除されていた授業の時、図書室へ行って、1対1でその先生に日本語を教わっていました。

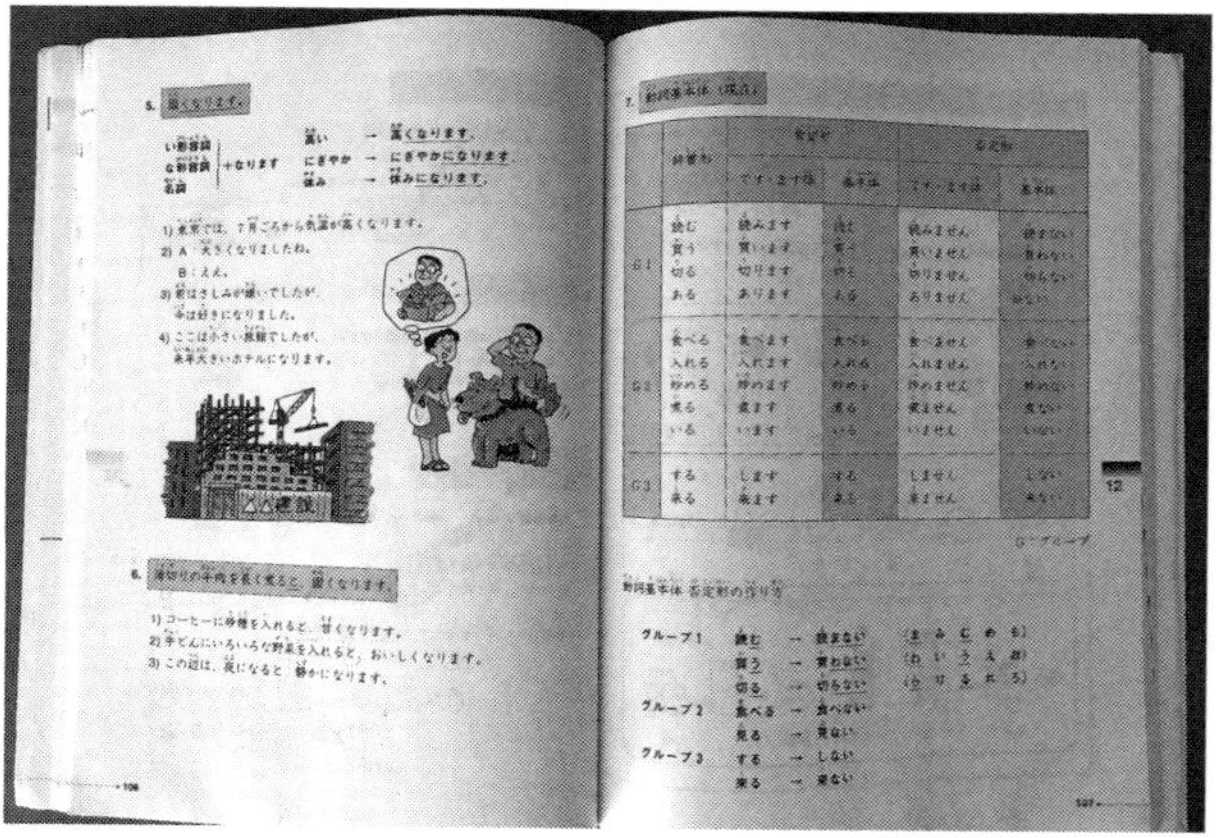

インタビューに登場した「日本語だけが書かれた教科書」

先生の教え方は、いわゆる聞き流し的な方法だったんですよ。真っ黄色の表紙の、日本語だけが書かれた教科書を開いて、私は先生が話すのを聞いていました。とにかく、ひたすら」

ひたすら、聞くだけ？

「はい。宿題は、あったのかな……私、宿題は全然嫌じゃないからいくらでもやるんですけど、たくさん出された記憶はないですね。教科書に何書いてあるか分からないまま、ただ先生の日本語をずっと聞いていました」

そういう教え方は初めて聞いた。テキストを使用しても、文法を一から教えるわけではないというのはすごく新鮮に感じる。

「一部の授業を免除してもらっていた分だけ、頑張って勉強しなければと思っていたので、図書館で毎日集中して先生の日本語を聞いている頭の中で、きっとものすごい変化があったと思うんです。その変化があらわれたのは2か月後くらいでしたね。あ、日本語話せる！　と気付いたんです。

フィンランド語で、裏技《うらわざ》がない、とにかくやるしかない勉強のことを『座る筋肉が必要な勉強』って言うんですけど、まさにそんな感じ。英語は絶対に使わず、聞くものも見るものも全部日本語。私、ストイックなところがあるので、そういう逃げ場のない状況に置かれたのが合っていたのかもしれません。

あと、今、振り返って思うのは、子供であるとも言える年齢の高校生の頃に留学できてよかったなということです。大人になると、やはり仕事をしなければなりませんから、勉強に専心《せんしん》することはなかなか難しい。でも、子供は学ぶのが仕事。言語はツールであるだけじゃなく、学びの対象、ゴールでもあるので、いいタイミング、いい学習環境で勉強できてよかったと思っています」

手加減されるのが一番堪える

1年間の留学を経《へ》てフィンランドに帰国後、ヘルシンキ大学在学中に交換留学で早稲田大学へ。その後北海道大学大学院を修了。申し分のないプロフィールに「ラウラさんのような方は、もしかしたら言語獲得に苦労はしなかったんじゃないだろうか……」と、お話を聞きながら思ってしまった。何か大変だったことはあったのだろうか。

「日本語は、文法の理解と文化的な理解がセットになって初めて『話せる・使える』って言えるんだと思います。文法的に間違っていなくても、言いたいことがその場に相応《ふさわ》しいか、どんな表現を使うのが適切なのか分かっていないと『生活者』としてつらいんですよね。例えば英語だと、相手の言葉を聞いて『あ、いいね』と思ったら試しに使ってみることができる。でも、日本は関係の上下によって言葉遣いが違うからむやみに真似《まね》できない。男性と女性でも微妙に違うし、漫画の言葉遣いは現実では使わないほうがいいこともあるし。

友達とは対等だから……と思っても、失礼にならないか心配になって『です・ます』で話すと『かたいよ』って笑われてしまったりね。隣に住んでいたアメリカ人にも似たような話を聞いたことがあるんですけど、やっぱり怖くなっちゃうんです。

メールも難しい。会話とはまた違った神経を使う面があると思います。対面で話している時に表情と言葉がマッチしていなかったら『あ、この人はまったく悪気はなくて、使い方を間違っているだけなんだな』と分かってもらえるかもしれないけど、文字だけだと結構誤解されやすい。丁寧に書かなきゃ、と思って書いたら、冷たい印象を与えてしまったらしいと感じたことも結構ありますね」

誤解、冷たい印象、齟齬《そご》。コミュニケーションは避《さ》けがたくそれらを包含してしまうものだ。ラウラさんがおっしゃるように、文化の違いが根幹にあることも少なくないだろう。

「フィンランド人はアイディアが浮かんだら気軽に口にするところがあって、それほど本気ではなくても『いいねいいね』って盛り上がったりするんです。その調子で日本人と話をすると、あとで『あっ、真面目に受け止められていたんだな』って気付くことがある。『週末どうするの？』みたいな言葉も、何かの誘いじゃなくて挨拶的なものなんだけど、スケジュールを知りたいの？　って思われてしまうこともあったり。本気度の違いを測《はか》れなくて、今も失敗することがあります。

でも最近は、ちょっとでも相手の表情が変わったり、違和感を覚えたらすぐに『いやいや、私何言った？　今の大丈夫だった？』って聞きます。あとで『変なこと言ってたよね』って言われるのはつらいから。性格的に、間違えるのが結構嫌なんですよね」

外国人だから少しぐらい間違っていてもいいという「手加減《てかげん》」をされたくない、とラウラさんは強調する。

「早稲田時代に、致命《ちめい》的なミスをずっとしていたことがあるんです。なんだったかな、『ランチをするに行く』みたいな、すごく初歩的なミス。半年くらいそれを繰り返していて、ある時友達に『ちょっとあれ、間違ってる気がするけど』って言われて、ああっ……！　ってなりました。

いいよいいよそのレベルで、って甘やかされる、優しくされるのが精神的に一番堪《こた》えるんですよ。間違えるのは別に恥ずかしいとは思わなくて、むしろこれから頑張ろうと思える。だから、言ってもらいやすい雰囲気を自分から作って、いつでも直してねって友達には伝えてます。

大阪の友達のリアクションはありがたいです。私が間違えるとすぐそれを繰り返すから（笑）。相手は無意識にやってるのかもしれないけど、その場で分かると安心します。

なんかね、フィンランド語の抑揚と大阪弁って若干《じゃっかん》似てるような気がするんですよ。『大阪に留学してたの？』って聞かれることがときどきあって『いやいや、函館なんです』って何度答えたことか（笑）。ユーモアのセンスもちょっと似てるかな。ブラックユーモアのテイストが」

言い換えの言葉をいつも探している

「食べられる芸術」

こよなく愛するパフェを、ラウラさんはそう形容する。インスタのパフェレビューは、感想や印象だけでなく、味や色や香りがよみがえらせる光景や記憶の記録にもなっている。言葉をたぐり寄せ、組み合わせて、ひとつのパフェから広がる鮮やかで深い世界を表現するのは、楽しくも難しい作業ではないだろうか。ラウラさんはどんな工夫をしているのだろう。

「昔、ブログを書いていた時に、よく類義語を検索していたんです。言いたいことを別の言葉で言うなら何だろう？　と思いながら探すのがすごく楽しかった。今、インスタに投稿する時も必ず、もっと合う表現ってないかなと思いながら言葉を探しています。毎回『おいしい』『感動しました』だとつまらないので、若干自己満足かもしれないけれど、違う言い回しを使ってみる、試してみることを心がけていますね。

好きなのは、ドキドキ、キラキラ、ピカピカ、ツヤツヤみたいな繰り返しの言葉。言葉の中にスパイスが入っている感じがするし、響きがかわいくて好きです」

繰り返しの言葉、オノマトペ（擬音語・擬態語）は新しいものもどんどん生まれてくる自由で楽しい表現だ。表現が増えると感情も増える。言葉と感情は連動しているからだ。逆に同じ言葉ばかり使っていると、気持ちも単純になるし、表現も平らになる。

「日常生活では、一番簡単な、真っ先に思いつく言葉を使いがちですよね。でも、例えばツバメが飛んでいることを言いあらわしたい時、『ツバメ』を知っていたら『鳥』は使わない。『鳥』で済《す》ませない、って言ったらいいかな。まったく頑張ってないような日本語を使うのは悲しいから、言いたいこと、説明したいことにできるだけ近い言葉を選びたいという気持ちがあります」

一番簡単な言葉を使いがち、まったくもってその通りだ。面白い、おいしい、かっこいいなどと言いたい時、わたしは「やばい」を連発してしまう。「やばい」を使わない日はない。

「さっき高校時代の日本語の先生の話をしましたけど、先生、こう言ったんですよ。『ラウラ、〈やばい〉〈超〉〈めっちゃ〉。この3つの言葉は絶対使っちゃいけないよ。〈とても〉とか〈非常に〉〈ほんとうに〉に言い換えなさい』って。

先生がこの3つを禁止したのは多分、カジュアルすぎるし万能《ばんのう》だからだと思うんです。表現力が育たなくなるって、先生は思ったんじゃないかな。今はふざけて友達に『私、〈やばい〉は使っちゃいけないいんだよね』って言って、その次に冗談で『めっちゃやばい』って言うとみんな笑う、みたいなひとつの流れがあるんですけど（笑）、今でもその3つは、どこか心に抑制が働いて、口から出そうになると『あっ、いけない』ってストップがかかります。単純な言葉って化石《かせき》化しがちで、慣れちゃうとそれに頼ってしまうから、先生がそう指導してくれて良かったと思います」

素敵《すてき》な先生だったのだなと思う。ラウラさんがこれからたくさんの日本語を獲得し、その3つを自分自身で「解禁」しようと判断する日が来ることを分かっていたのだろう。相手を信頼しているからこそ、できることだ。

日本語は「感動」を伝えやすい

ラウラさんはこのインタビューの日、フィンランドのブランド「マリメッコ」のブラウスを着てきてくださった。鮮やかな色と一目で分かるデザインが特徴のマリメッコは、日本にも愛用者が多い。フィンランドと聞いて、サウナや白夜《びゃくや》、ムーミンなどと共に、日本人が真っ先に思い浮かべるアイテムのひとつだ。

「北部フィンランドはトナカイ業も盛んなんですよ。肉も骨も皮も無駄なく、全部使います。今日してきた時計のバンド部分はトナカイの革です。かばんとか靴《くつ》を作る時に余った部分を、こうやって小物にしているんですよね。

トナカイの肉は、国によって食べ方が違うんですけど、フィンランドではひき肉にしてオーブンで焼いて、マッシュポテトの上にのせて食べることが多いかな。リンゴンベリー（コケモモ）っていう酸《す》っぱいベリーのジャムをかけて、スプーンですくって食べる感じです。日本人の友人たちからもとても好評なんですよ」

こういう話を聞くのはとても楽しい。フィンランド語についても聞いてみよう。

「感動を表現する時は日本語のほうが言いやすい」という感覚は聞いていて新鮮だ

「名詞や形容詞の格変化がすごく多くて、文法は難しいんじゃないかと思います。ただ、上下関係によって使い分けたりはしないから、みんなに平等に同じ言葉を使えるという面はありますね。

フィンランド人って、謙虚《けんきょ》というか、自分が感じていることを表現するのがあまり得意じゃないんですよ。心の中に持ってるだけ。『愛してます』は絶対に言わないし、『好きです』も、『おいしい』『かわいい』もほとんど言わない。

私はもう日本慣れしているから、それがすごく物足りなくて（笑）。日本語で気兼ねなく、思ったらいつでも『おいしい』『かわいい』が言えるのが気持ちいい。何かに感動したとか、心動かされたことを表現する時は、日本語のほうが断然言いやすいです。わくわくした！　楽しかった！　みたいなことをフィンランド語で言おうとすると、ちょっとうわべの人間っぽくなっちゃうというか、真面目じゃない感じになっちゃう。でも、サウナにまつわる言葉とか、『フィンランドの文化の中にある気持ち』は、フィンランド語で表現するのがやっぱり一番しっくりきますね」

外国語を使いこなせるようになると、その外国語を通じて母語の個性を発見することができる。感覚や風景の描写、状況説明など「これは言語Aより言語Bのほうがうまく言えるな……」という気付きは、発見とイコールだ。

ラウラさんは仕事で自国の文化を紹介する時だけでなく、インスタでも日本語と英語、両方を使われている。外国語と外国語の間を行き来する感覚はどんなものなのだろう。

「フィンランドでは9歳から英語を学ぶんですけど、フィンランド語と英語の両方が書かれている教科書で勉強するから、英語を使う時は頭の中で一旦翻訳します。いまだにちょっと疲れますね。日本語は日本語だけで学んだから、そのまま出てくる。

フィンランド語や日本語を使う時は、ほんとうの自分が話している感覚があるんですよ。夢も日本語で見るし、日本に13年住んでいるので、相手の反応がある程度予測できる、腹に落ちているという面も大きいかもしれません」

母語を経由せず日本語を学んだから、直接出てくる……日本語学校は（基本的に）日本語だけで教えるので、なんだかとても嬉しくなった。日本語で話しているとほんとうの自分という感じがするという言葉も嬉しい。

「そうそう、私、四字熟語が好きで、コロナ禍で結構勉強していたんですけど、日本歴12

年で、最近やっと見つけた日本語があるんです」

ラウラさんは、うふふ……という表情をしている。なんだろう？

「ちょっと利己《りこ》的な気持ちが働いている、相手の何かを自分に都合のいいようにする、みたいなことを言える日本語ないかな？　ってずっと探していて、この間、仕事関係の方から来たメールにその四字熟語があったんです。これ意味分からないな、と思って調べたら……まさに探していた言葉でした。『我田引水《がでんいんすい》』です」

おお、なるほど！

「『自分の牛が溝にいる』っていう、フィンランド語のことわざに意味がよく似ているんですよ。そうか、日本はお米の国だから、他の人の田んぼから自分の田んぼに水を引くことに例えてるのか、って。フィンランドは乳製品の文化で牛がいっぱいいるから牛。お国柄が出てて面白いですよね。これだ！　と思って。

こういう、ぴたっとはまる言葉を見つけられた時の喜びってもう、ハンパない。たまらないです。自分の中に言葉が増えていくのが嬉しい。いつかうまく使ってみたいですね」

＊＊＊

言葉は言葉を呼んで増殖《ぞうしょく》する。

ラウラさんはいつもその渦中《かちゅう》にいるんだ、常に新しい言葉を「取りに行って」いるのだなと感じたインタビューだった。

個人的なことだが、わたしは今、韓国語（ハングル）を勉強している。Kさんの章にも少し書いたが、まずテレビのハングル講座を見て興味を持った。その後、初級のラジオ講座にアクセスし、音声をダウンロードして毎日聞き続けた。わたしの勉強の基礎になっているものがあるとしたら、それはまるごと覚えたテレビとラジオのスキット（会話場面）だ。

ラウラさんの高校時代の先生が「聞くだけの日本語レッスン」を授《さず》けたという話は、実は衝撃的だった。日本語学校でカリキュラムに沿って教えてきたので、「え、それだけ……？」と、軽くショックを受けた。でも、外国語を学んでいるひとりの学習者から見ると、良い方法のひとつだと実感する。新しい言葉に遭遇《そうぐう》した時、蓄積された音声のデータが頭の中で稼働《かどう》する感覚があるのだ。手がかりになる文が引き出された時はとても気持ちいいし、抑揚を体で覚えられるというメリットもある。

とはいえ、ラウラさんが「聞き続けて2か月で口から言葉が出てきた」のは、ラウラさんが日本語を自分のものにしようと強く思っていたからだ。そこに意志と集中力があったから。

そう、語学という山の登り始めに必要なのは意志と集中力。日本語教師は学習者にその2つを維持させる仕事でもある。ただ、日本語学校の授業はどうしても「テキストを進める」ことが主眼《しゅがん》になってしまうところがあって、学びの新鮮な喜びやモチベーションを（教師、学習者共に）持ち続けるのが難しい。

次にお会いできたベナン共和国出身のアイエドゥン・エマヌエルさんはまさに「日本語学校で学んだ留学生」の理想のような方だった。

コラム
日本語クイズ❷

「ありません」と「ないです」は同じ？

日本語学校の初級クラスに、日本語能力試験の一番上のレベル、N1に合格した留学生がいた。「なぜ初級に？」と思ったが、本人が「ほとんど喋れないので初級クラスに行きたい」と希望したのだそうだ。

彼女は確かに「話す」能力は発展途上だったけれど、文法や語彙の知識はN1に合格しているだけあって他のクラスメイトとは一線を画していた。積極的な彼女は質問も多く、ある時授業中にこんなことを聞かれた。

「先生、『ありません』と『ないです』は同じですか？」

日本語教師になってまだ1年ほどだった当時のわたしは、授業時間中に終えなければならないタスクで頭がいっぱいだったうえ、「え、なんだろう？」と混乱し、うーん、と言ったまましばし沈黙してしまった。

もちろん、どんなにキャリアの長い教師でもすぐには答えられない質問を受けることはある。そういう場合は「きちんと答えたいから、次の授業の時に話しますね」と返したり、時間に余裕があれば「みんなはどう思う？」と投げかけ、学習者と共有しながら考えたりする。でもその時はただおろおろするばかりだった（言い訳ではないが、こういう苦い経験はおそらく日本語教師の多くが持っていると思う）。

「ありません」と「ないです」

文法的に言うと「ありません」は「あります」の否定の形、「ないです」は形容詞「ない」に丁寧の助動詞「です」が付いた形だ。意味は同じ。

じゃあ、「同じですよ」と答えていいのか、というと……。

以前、スーパーやコンビニで「袋要りますか？」と店員さんによく聞かれた。最近はレジの前に有料の袋があることが多いので、欲しければそれを取って会計をするけれど、今も店によっては「有料の袋は必要ですか？」と聞かれる。

そんな時わたしは、「あ、要らないです」ととっさに答える。「要りません」ではなく。

その心理を考えてみる。

「〜ません」は前述したように「否定の形」だ。言い方にもよるが、毅然《きぜん》とした印象を与える。例えば親に「早く結婚しろ」と急《せ》かされた場合、結婚する気がまったくない時には「結婚しないです」だと弱い感じがする。「結婚しません」と言うだろう。

「明日、飲み会行きます?」と問われた時は「あ、ちょっと明日は参加できないです」と答えたりする。「行きません」「参加しません」だと、なんだか少し冷たい感じがする。です、のほうが断る時も柔らかい印象がある。

もし今、学習者に聞かれたら——。

「意味は同じです。でも、話す時、やさしく言いたい時は『ないです』、NOとはっきり言いたい時は『ません』を使うと思います」と説明する。そしてこう付け加える。

「ところでみなさん、わたし、お金がなくて……。10万円貸してほしいんですけど、ありますか?」

おそらく学習者たちは笑って「10万円? ありませーん」と答えるだろう。

AとBは同じですか?

そのような質問を日本語教師はしょっちゅう受ける。「大事」と「大切」は同じですか? 「とても」と「すごく」は? 「役に立つ」と「便利」は、どう違いますか——?

おっ、難しいな、と思う時もあれば、やっぱり来たね、と思う時もある。たくさん例文を作って考え、意味や使用場面の違いを洗い出し、授業では簡潔に説明する。それが日本語教師の役目のひとつだ。

ではここでクイズです。
「とうとう」と「やっと」は、どう違うでしょうか？
（例文を作って考えてみてください！）

答え：どちらも、終わるまで／一区切りつくまでに長い時間がかかったと言いたい時に使うが、「やっと」のほうには安堵《あんど》やよかったと思う気持ちが含まれている。がっかりした、残念だ、という気持ちの時は「やっと」は使えない。

例：○ずっと読んできた漫画の連載がとうとう終わってしまった。
×ずっと読んできた漫画の連載がやっと終わってしまった。

第6章

「自分の日本語をチェックする『もうひとりの自分』」

アイエドゥン・エマヌエルさん（ベナン共和国出身）

アイエドゥン・エマヌエル
ベナン共和国出身。2012年に大阪府立大学 現代システム科学域 知識情報システム学類に入学。卒業後、同大学大学院人間社会システム科学研究科に進学し「第二言語コミュニケーション意欲を高める会話エージェントの開発」をテーマに研究を進め、博士号取得。現在は関西大学システム理工学部電気電子情報工学科助教。

アジア、アフリカ、中東。わたしが非常勤で教えている神奈川県横浜市の日本語学校には、30近くの国・地域から留学生が来ている。

多国籍のクラスは共通語が日本語しかないので、最初はなかなか交流が図れない。初級の教室には、なんとなくお互いを観察するような空気が漂《ただよ》っている。しかし時間が経つにつれ、獲得した日本語で軽口《かるくち》をたたき合ったりメッセージアプリでやりとりが始まったりという光景が見られるようになる。教師に対しても質問が多くなるだけでなく、授業が終わると『荷物を持ちましょうか？』と話しかけてきてくれる学生も増える（わたしが日本語学校で働いてびっくりしたことのひとつは、留学生たちが教室の移動時に率先《そっせん》して荷物を持ってくれることだ）。

教え方には毎回悩むし、大変なこともたくさんある。でも地球上の様々な場所から日本を選んで来てくれた人たちと時間を共にできる機会はそうはない。わたしは今、オンラインレッスンをメインに仕事をしているが、昔教えた留学生たちはどうしているんだろうなと、名前と顔を思い浮かべることもたびたびだ。

今回お話を聞かせてくれた、西アフリカ、ベナン共和国出身のアイエドゥン・エマヌエルさん（エマさん）は、私が教えている学校の2011年の卒業生だ。残念ながらわたしがエマさんのクラスを担当することはなかったのだが、学校の旧知の先生から「大阪にすてきな卒業生がいるんですよ」とエマさんを紹介され、ぜひお会いしたいと思った。

関西大学のシステム理工学部で助教を務めるエマさんは、人の意欲や共感を引き出すような感情知能を備《そな》えたコンピュータシステムに関する研究をされている。今日はよろしくお願いします、と挨拶をすると、エマさんはすぐに「すみません、私、そこまで日本語がうまくないんですけれど……」とおっしゃった。7000近くの作品が寄せられた作文コンクールで1等を獲得したり、弁論大会ですばらしいスピーチを披露されたり、研究に関する論文もたくさん発表している、という「実績」があるのに——？

エマさんはいやあ……と、少しはにかんだ表情を見せた。

「やっぱりネイティブスピーカーに比べると語彙力が足りないし、日本語を使う外国人の話を聞いていて、ああ、私はこういう表現使えないなあと思ったりすることがあるんです。自分はまだまだだなと思わされること、多々《たた》あります」

いやいやご謙遜を、などと（それこそネイティブスピーカーのふるまいで）返すのは違うと思った。エマさんはほんとうにそう思っているのだ。話し方から伝わってくる。

エマさんはなぜ日本に留学することになったのだろう。まずはきっかけから聞いてみよう。

漢字に興味津々

「昔、父が日本で働いていて、日本の良さや魅力をよく話してくれました。自分自身も高校の国際史の授業で戦後の日本について学んで、さらに興味が湧きました。

戦後すぐの日本は貧しかったし、地下資源もない。でもいい人材を育てて国を発展させた。ベナンも国土が狭くて、あまり地下資源に恵まれていないという点では同じだけれど、なぜ日本はそこまで発展したんだろう？　と理由を知りたくなりました。実際に行って、自分の目で見てみたいなと。

ゾマホンさんというタレントさんがいますよね。彼はベナン出身なんですが、父が日本にいた時『息子さんを留学させたらどう？』とゾマホンさんに勧《すす》められたことがきっかけで、日本へ行くことになりました。高校を卒業して、18歳の時、日本語学校に入学しました。

その頃の日本語力は……『おはよう』も分からなかったんじゃないかな（笑）。目標は日本の大学に入って博士号を取ることだったんですけど、ほんとにゼロからの出発でしたね」

まったく初めての日本語。第一印象はどんなものだったのだろう。

「ベナンはいろんな民族がいる国で、自分の民族の言葉だけでなく、他の複数の民族の言葉も喋れる人が多いです。私はヨルバ民族で、ヨルバ語とフォン民族のフォン語、それからフランス語を使っていたのですが、ヨルバ語と日本語の音はすごく似てるな、親しみやすいなとまず思いました。なじみあるわ、って。

でも字は全然分からない。特に漢字に興味津々《しんしん》でした。これはなんやろう？　絵なのか？　どうすればこれを書けるようになるんだ？　どういう順番で書くんだ？　自分も書けるようになるのか？　ってもう『？』ばかり。でもそれらの疑問が楽しみな気持ちに変わっていくのも早くて、漢字って奥深いなあと思うようになりました。
田んぼの田とか、月とか、最初の頃、先生が絵を使ったりしながら形と意味を紐《ひも》づけてくれて、そうか、誰かがでたらめに考えたものではなく、ちゃんと何かを表現しているんだって分かったんですね。知れば知るほど面白くて、読み書きへの意欲がどんどん湧いてきました」

日本語学校では、漢字圏《けん》の国（中国や韓国）と非漢字圏の国の学習者を分けて漢字の授業をすることもある。非漢字圏から来た留学生にとって、漢字はエマさんが言うように絵にも記号にも見えるだろう。その不可思議な文字を、留学生は毎日何個も覚えなければならない。多くの漢字には複数の読み方があるうえ、単語単位で読み方が変わるものもたくさんある（今日・昨日・明日、なんてのもそうだ）。会話には問題がなくても『漢字はちょっと苦痛』と言う非漢字圏の留学生は少なくない。

「確かに、中級から上級になると単語の数も一気に増えてくるので大変だなとは思いましたけど、それより面白い、習うのが楽しいという気持ちのほうが強かったですね。日本語を勉強するからこそそういうハードルを越える喜びがあったというか、難しい分だけやってよかったと思いましたし、普通のベナン人にできないことが自分にはできるんだという誇りも持てた。漢字の勉強はすごく貴重な経験だったと思っています。
ただ、私、ほんとうに字が汚くて（笑）家でも毎日ノートに練習したんですけど、日本語の勉強で何が一番難しかったかって、きれいな字を書くことじゃないかな……同じクラスの中国人、韓国人は、漢字も含めて字がすごくきれいだったので、ああ、いいなあ、こういうふうに書ければなあ、って、上手なクラスメイトの書いたものを見て自分のを直したりしました。同級生の字を自分の理想にして頑張った気がします」

字を書く機会が減った今、留学生から『字をもっときれいに書きたい／書きたいから苦労している』という話を聞くことは、実のところほとんどない。エマさんの志《こころざし》の高さを感じる。もしかして、文法よりも書くことのほうが難しかった？

「文法は、そうですね、フランス語や英語と語順が違うので最初はちょっと違和感がありましたけど、授業がすごく分かりやすかったので書くことほど苦労はしなかったかな。普通にやっていたら徐々《じょじょ》に喋れるようになった……うーん、いや、ちょっと記憶が曖昧かもしれないですけど（笑）」

文脈の中でまるごと覚える

エマさんが使っていた教科書は、多くの日本語学校で使われている『みんなの日本語』だ。マライ・メントラインさんへのインタビューでもこのテキストについてすこし話をしたが、名詞文（「これはわたしのかばんです」）、形容詞文（「わたしのかばんは小さいです」）、動詞文（「昨日小さいかばんを買いました」）のように順序立てて提出することで、前に覚えた言い方を使いながら新しい語彙と表現を増やしていける作りになっている。

エマさんが言うように「普通にやっていたら、徐々に」できるようにはなる。しかし

「自然に」できるかといえば、当然ながらそうではない。

「電気がついています」「電気をつけておきます」という文が初級レベルの中盤あたりに出てくる。「ついて」と「つけて」の違いを、普段わたしたちは気にしない。が、前者は自動詞、後者は他動詞で、この区別はとても大事な文法項目だ。「ドアが開けています」がなぜおかしいのかといえば、自他動詞の使い方が間違っているからなのだが、間違えやすい分だけ教える側は注意深くなる。教わる側も「火を消す？　火を消える？　どっちだっけ？」のように混乱しがちだ。

と思うのだが、

「ああ、自動詞、他動詞、うん、そう言われてみれば、今もちゃんと使い分けられてるかちょっとあやしいんですけど……（笑）ただ、最初のうちはあまり深く考えずにとにかく覚えようってことだけを考えていた気がするんですよね。授業中、クラスメイトがちょっとふざけて『先生、なんでこんなんなってるのー？』って文法について聞くと『これはルールだから覚えましょう』って先生はいつも答えていて、語学の勉強って基本的に、まるごと覚えることから始まるのかなと。その覚え方なんですが、ちゃんとコンテキスト（文脈）の中で覚える。ただ漠然と単語を暗記していくとかじゃなく『シチュエーションの中の表現』として覚えるのが大事かなとは思ってました。日本語うまいなって思う友達の言葉をとりあえず真似てみたりすると、ああ、こういうやりとりの時にこういう表現を使うんだって分かる。当時はそういう風にやっていました」

覚えた日本語はどんどん使ってほしい、と教師は言う（思う）。けれど考えてみれば、職場や学校以外で「誰かと会話をしなければならない」場面は今、ほとんどない。テキストには「アパートの大家《おおや》さんに旅行のお土産《みやげ》を渡す」とか「電車に忘れ物をして駅員さんに問い合わせる」などのやりとりが載っているが、そのようなことがしょっちゅうある（起きる）わけでもない。

エマさんは覚えた日本語をどこで使っていたのだろう。

「フランス語が通じる留学生はわりといて、授業が終わったらフランス語で話せば気が楽ではあったんですけど、私はできるだけ、共通語が日本語しかないクラスメイトに話しかけるようにしてました。漫画とかはあまり読まなかったし、喋るほうが好きだったので、ちょっと恥ずかしくても自分から喋りかけようとしていたかな。

やっぱり、早く上達したいという気持ちが強かったんですよね。留学はお金もかかるし、自分はベナン人の中でも恵まれているほうだと自覚していたので、最善を尽くしたかった。だから教室でも最前列に座っていました。頑張って、というより、そうしたくて。

留学生活2年目からは深夜のアルバイト、夜10時から朝6時までアパレル店の閉店後の片付けをするアルバイトをしたので、学校との両立はかなりキツかったですね。でも、眠たくても最前列にしか座りたくないという気持ちで真っ赤な目を開けていました。多分、居眠りはしなかったと思います……多分（笑）」

完全な競争社会だった予備校

積極的に他国の級友に話しかけ、意欲的に学ぶ学生がひとりいるとクラスの空気は変わるものだ。深夜のアルバイトをしながら、懸命に目を開けて授業を受けていたエマさんに触発《しょくはつ》され、発奮《はっぷん》した同級生は多かったことだろう。

1年9か月の日々を日本語学校で過ごし、エマさんは大阪府立大学へ進む。さすがだなあ、と事前に得ていたプロフィールを見て確認したら「あ、実はですね、日本語学校を卒業したあと、1年間予備校に通ったんです」と答えが返ってきた。スムーズに大学に進学したのではなかったらしい。

「高専（高等専門学校）を受けたんです。高専へ行って、3年生の時に大学に編入するっていうプランを思い描いていたんですけど、落ちてしまって。それで直接大学入学を目指す方向に切り替えて、予備校の留学生コースに入りました。

いやー、あんなに勉強したのは生まれて初めてでした。ハードでしたね。日本語学校の勉強とはもう、比べ物にならない（笑）。日本語学校は、先生たちも優しかったし雰囲気も温かかったですけど、予備校は完全な競争社会。東大とか早稲田とか、日本のトップの大学の理系学部を目指している人たちばかりで、しかもみんな日本語能力試験のN1を余裕で持ってる。私は当時N2しか持っていなかったので、プレッシャーは半端なかったです」

日本語能力試験、JLPT（Japanese-Language Proficiency Test）は日本語の能力を測る試験として一番ポピュラーなものだ。N5からN1まであり、N1は新聞の社説を理解できるくらいの日本語力があるとみなされるレベル。N2も相当に難しい。

「深夜のアルバイトも続けていたし、授業についていくだけでもほんとうに大変で毎日必死でした。今振り返れば、ものすごくいい経験ではありましたけど。

大学の面接試験も、ユニークというか大学によって全然カラーが違って、これもいい経験でした。たった1分で終わった大学もあったし、ある大学では、ほとんど質問はされなくて、黒板を使いながら出された問題の解き方を解説するように指示されました。いろいろでしたね。

大阪府立大学はすごくざっくばらんな感じで、日本で何がしたいかとか、これまでどんなことで苦労したかとか30分くらいかけていろいろ聞いてくれて、人情味《にんじょうみ》を感じました。相性が良さそうだなとその時思ったので、府大に入れてよかったです。大学院も府大で、来日した時からの目標だった博士号も取ることができました」

頭の中にある「理想の日本語」

丁寧で礼儀正しく、ユーモアがあって……エマさんは大学で絶対に人気があると確信した。周りの日本人に、数えきれないほど「うまいですねえ」と言われてきたに違いない。

ところで、わたしたちが外国出身者の日本語を聞いて「うまいなあ」と思うのはどんな時だろう。発音がきれい、質問に的確に答えている、抽象《ちゅうしょう》的・専門的な語彙を使っている……そんな話者に対して「うまい」と感じるのではないだろうか。

もちろん「うまい」のは、すごいことだ。その一方で、外国語は「うまくなくてもいい」ものでもある。間違ったまままたくさん話す人も大勢いる。言葉は道具なので、意味と意図さえ通じれば（この前提が成立することが何より大事なのだが）言葉としての機能は果たしていることになる。

具体的な例を示すと「この店、おいしくない」を「この店、おいしいじゃない」と言ったり、「昨日は暑かったです」を「天気が暑いでした」と言ったりする人もいる。そのような日本語で生きるのは決して悪いことではない。求める／必要とする言語レベルは人それぞれだからだ。

日本の大学院で学びたいという目標を持っていたエマさんは「生活の日本語」のさらに上を目指して言葉を磨いた。どのように「もっとうまく」なっていったのだろう。興味深い答えがもらえそうだと思いながら聞いてみた。

「自分の頭の中に『理想の日本語』があるんです。それは勉強で得た知識とか、間違った時に修正した記憶とかでできていて、発話する時はいつも稼働している。フィードバックの機能がかかっているというんですかね。

たまにフィードバックがうまくいかなかったりすると、ちょっと変なことを言ってしまう。あるいは言ったあとに変だったと気付く。いわゆるメタ認知ですね。自分が言っていることを、もうひとりの自分が検証している。

「頭の中に『理想の日本語』があり新しい知識や修正は常にフィードバックされる」というエマさん

当然ながら気付かないこともあります。そもそも知識がなかったもの、あるいは十分理解できていないものは参照《さんしょう》できなくて、スルーされてしまう。で、誰かに指摘してもらって知る。『理想の日本語』にそのデータが蓄積されていくわけです。

順調に言葉が出ている時は『ああ、参照がうまくいってるな』って頭の中で感じているんですけど、言葉を探すフェーズに入ることももちろんあって、一番適切な、理想の言葉が見つからない時は別の言葉で代用してしまう。代用しつつ、これはあんまり正しくないな、言いたいことはこれじゃないよね、と思っている。だけど何か言わなきゃいけないから、とりあえずこれでしのぎましょうってなる。でもそれは正直ちょっと悔しいので、どんな言葉を使えばよかったかなとあとで考えるんですね」

最適な表現を、瞬時に口から出す。その難しさは言葉に意識的な人ほど強く感じるだろう。もっと時間があれば、もっといい言い回しを考えて発することができるのに、と。

「そうなんですよね。会話は即時性《そくじせい》が求められるから、気持ちと完全に一致した表現が思い浮かばなくて、もどかしさを感じることは多々あります。

その逆で、例えば5分間会話をしたとして、間をあけず……っていうのは変やけど、その5分間、言葉が自然に口をついて出てきたら、ああなんかよかったなって思ったりします。

それはつまり、いつも頭を働かせて喋ってる証拠でもあるんですけど……特に話が抽象的であればあるほど、ああ語彙力が足りないなあと思うし、集中力が全部語彙のセレクトに持って行かれて、ものすごく基本的な文法のミスをしてしまったりするんですね。

もちろん、先ほどのフィードバックのメカニズムが働いているので、あ、今のちょっとおかしかったなって、話しながら気付いてはいるんです。で、気付いちゃっているのでむしろ、悪循環《あくじゅんかん》じゃないですけどそこに気を取られてミス連発、どんどんどんどん言葉が出なくなって、内心で自分を責める。緊張感が高まって『こいつ、日本語喋れないって思われてるんじゃないか』みたいな疑念が広がって、さらにプレッシャーが高まる（笑）。相手に『エマ君、どうした？　今日、なんか全然日本語、スムーズじゃないね』みたいに言われたりして……。

ほんと、今もときどきありますね、そういうこと」

うん、うんと頷きながらエマさんは話してくれる。発話について常に思いをめぐらせていることが伝わってくる。その思考は、現在エマさんが取り組んでいる「ヒトの言語学習を支える会話システム」の研究にも当然つながっているだろう。

「外国語を学ぶ動機や目的は、その言語を使ってコミュニケーションしたい、しなければならないというところに行き着くと思うんです。でも、例えば、普段英語を勉強しているのに、道を歩いている時に突然英語話者に話しかけられてうまく答えられなかった、みたいな経験は多くの人が持っていると思います。ドキッとして言葉が出てこないっていう。外国語に対する意欲を、具体的に『話すという行為』につなげようとする時、文法力とか語彙力よりも、感情的な余裕のほうが大事だという説があります。外国語でのコミュニケーションには『不安のない状態』が肝心だというものなんですけど、今、研究室で取り組んでいるのは、その状態をサポートするシステムです。

会話練習の相手をしながら、励ましやヒントを適切に与えて感情のケアをする、人間の曖昧な側面を考慮してふるまうシステムを作りたい。人情のあるシステムっていうんですかね。言語学習の支援というのは研究テーマとしてものすごく面白いし、自分が日本語を学んできた過程の中にも、いろいろ手がかりがある気がしています」

日本でのすべての時間が、今のエマさんを作っているのだなと思う。日本語はもうエマさんにとって「自然なもの」になっているだろうか。

「完全にではないですけど、なりつつあるかなとは思います。英語の文章を翻訳しなさいと指示されたら、前は一旦フランス語に訳して意味を把握していたんですけど、今は日本語で理解しながら読んでいますね。日本語のほうが先に出てくる。

最近はフランス語を喋っていると『え？　そんな喋り方はフランス語でしなくない？』みたいな反応が返ってきます。よう分かんないんですけど、癖とか、頭の動かし方とか、話す時のジェスチャーが日本語っぽいらしいです。口はフランス語を発してるんだけど、体は日本語喋ってるよ、みたいな（笑）。

あと、ほんとうは今日は関西弁、一切使わずに喋りたかったんですけど、でもちょっと出てしまいました。標準語で覚えたルールが、関西弁のほうに置き換わっていってる感触も実はあって……フランス語がどんどん下手になって、その分関西弁がだいぶ進出している感じです（笑）」

＊＊＊

フィードバックの機能が頭の中にあって、口にした言葉を常に確認している。

取り出して見せてもらうことはできないけれど、その機能の「姿」を見たいと思った。情報はどんなふうに入っているのか。混沌《こんとん》としているのかそれとも整理されているのか。いずれにしてもそこには、エマさんが日本語を勉強し始めた時から現在までの「日本語にかかわった記憶」のすべてが詰まっているわけだ。エマさんが手がけている研究は、エマさんの経験の表出とも言えるだろう。

外国語を話す時、知識よりも感情的な余裕が大事だという説には大いに共感した。リラックスした状態で話す。それを繰り返せば話すことに対する怯《おび》えもなくなり、次第に長い文章が作れるようになって好循環が生まれる。人間の複雑さや曖昧さに寄り添う「人情のあるシステム」という表現が温かく、エマさんの人柄が映し出されているように感じた。

普段日本語を使っているからフランス語を話す時にジェスチャーや表情が微妙にズレる、という話もとても面白かった。なじんだ言葉は体をも支配しているのだ。

エマさんは「日本で博士号を取るという目標を叶えることができた」とおっしゃってい

た。

来日した時に抱《いだ》いていた夢を、数年後に実現する。なかなかできないことだ。学校の特性や傾向もあるが、日本語学校にはアニメや漫画を通じて日本に興味を持って入学して来る留学生は少なくない。ゆくゆくはその分野の仕事をしたいと願って留学を決める人も多い。

勉強するうちに目的や関心が別のものに移っていくことは当然あるし、状況も変わっていく。だからこれはいい悪いという話ではないのだが、エマさんのように「来日当時の夢を」変わらぬ形で叶える（叶えられる）ケースは、もしかしたらそう多くはないかもしれない。特に、憧れの職業では。

ある朝、テレビのニュースを見ていて、この方の日本語に耳が引き付けられた。クリアな発音。借りものではない自然な表現。映っていたのは欧米系の男性の顔だった。日本で声優デビューを果たしたのだという。

声優。夢の仕事。

名前は工藤《くどう》ディマさん。あ、日本にルーツのある方なのかなと思った。そうではなかった。

彼の出身国は、ウクライナだった。

第7章

「文法も語彙も、全部耳から」

工藤ディマさん（ウクライナ出身）

工藤ディマ（くどう・ディマ）
2000年生まれ、ウクライナ・キーウ出身。2022年に家族と離れ単身で来日。2023年9月22日公開の映画『ストールンプリンセス：キーウの王女とルスラン』で主人公ルスランのライバルとなる三兄弟の末っ子、ロデー役で声優デビューを果たす。

工藤ディマさんはウクライナの首都キーウ出身。劇団ひまわりに所属し、演技の勉強をしている。2023年に日本で公開されたウクライナ発のアニメーション映画『ストールンプリンセス：キーウの王女とルスラン』でデビューを飾った。もちろん日本語での吹き替えだ。

活躍されている外国出身の声優さんと言えば、中国人の劉《りゅう》セイラさんをはじめ何人かの名前が思い浮かぶ。どの外国語でもそうだが、それぞれの言語が持つ「音の正確さ」を細部まで表現できるようになるには相当な訓練が必要だ。話せるようになるための練習とはまた異なる、タイプの違う努力が。

息の量を調節したり舌の位置を変えたりして「言葉の音」を作ることを調音《ちょうおん》という。鼻音《びおん》や摩擦音《まさつおん》など、調音にはたくさんの種類がある。母語に存在しない音を自然に出すには、その音を聞き分けた上で自分の口で（体で）再現しなければならない。「話す」だけなら、苦手な発音は似た音を作ることで、ある程度代用できる。でも「きれいな（完全な）」発音を求められる現場ではそういかないだろう。ディマさんは長い道を歩き始めたのだ。

ディマさんが来日したのは、ロシアのウクライナ侵攻が始まった翌月の2022年3月だった。どのような経緯で日本に来ることになったのだろう。

「その耳が欲しい」と言われた

「新大阪の日本語学校からビザを出してもらったことが、直接のきっかけです。もともと留学したいという希望は伝えていたんですけど、学校が急いで準備してくれました。ウクライナからの避難民を日本が受け入れるという（日本政府の）決定があったのは、私が留学生ビザをもらった2週間後くらいでした。

10代の頃から、日本のアニメや漫画を見たり読んだりしていて、日本語に興味はありました。と言っても当時は全然分からなかったので、ロシア語やウクライナ語に翻訳されたものだけ。でも、日本語の音は好きでした。響きが好きだったというか。

で、大学に入ってゼロから勉強しようと思って、日本語や日本の歴史を学ぶ専門コースを取ったんですけど、残念ながら教科書は苦手でした。問題を解くためのものであって、情報を得るためのものではないと思いました」

どんな教科書でしたか？　と尋ねたら、ベナンのエマさんも使っていた（スタンダードな）『みんなの日本語』だった。「文型積み上げ式」の教科書はディマさんの性《しょう》に合わなかったのか。

「大学の教授は、私、運が良くていい人に出会えたので、入学後2週間でひらがなとカタカナは書けるようになりました。でもやっぱり教科書は合わなくて、家で、趣味を通して独学でやりました。動画をYouTube《ユーチューブ》でたくさん見たり聞いたり、あとはゲームとか。自分がどうやって日本語を覚えたか、説明するのは実はとても難しいです。聞きまくって覚えたって感じですかね。語彙も文法も、全部含めて聞き慣れて、使い始めた。ほとんど耳に頼っていました」

聞きまくって文法も覚えた、という言葉に思わず「えっ、文法も？」と聞き返してしまった。ディマさんはにこにこしつつ、ちょっと困ったような顔だ。

「なんか説明できないんですよ。言葉を聞いて、あ、それ聞いたことあるな？　あれと組み合わせるとこんな意味になるんじゃないか、みたいに考えて、推測した言葉をGoogle《グーグル》の翻訳機能で調べてみると当たってた、ってことが多かった。だから『どうやって勉強したか』と聞かれたら、趣味を通して学んだって答えるけれど、普通の方法じゃないかもしれない。だから私の日本語は、多分『我流《がりゅう》』です。

ウクライナにいた頃は、日本人と話す機会がほとんどなかった。早稲田大学と大阪大学から大学生が見学に来て、そのおかげで友達を見つけて会話の機会がちょっと増して、日本語で喋る会みたいなものもzoom《ズーム》で行ったりしたんですけど、1か月に1回で、それが3、4回。当時、日本語に一番じっくり向き合っていたのは、自分で音声サンプルを作っている時でした。

最初は、録音した音声を友達に送って、聞いてもらった。音の上がり下がりを矢印で説明してくれたので、それを真似して。そのあと、日本に住んでいるロシア人と知り合って、電話で発音レッスンみたいなことをしてもらいました。相手の言う文章を、あとからついて繰り返していたら『なんかあんたの耳（いい意味で）おかしくない？　私もその耳欲しい』って言われて『あ、自分は耳がいいのかな』と思った」

知りたかったのは「日常の日本語」

なぜ話せるのかよく分からない、言えるのはどうやら自分の耳がいいということだけ——という説明はとてもリアルだと感じた。確かにディマさんは「欲しい」と言われる耳を持っているようだ。こちらの質問に対する答えが、早い。表情や仕草などのレスポンスも、なんというか、とても堂々としている。

「日本で生活し始めて1年半ちょっとですけど、日本語が分からないのは、スーパーとかマクドナルドで、レジの人の声が聞き取りづらい時くらいかな。店の人はマスクをしているから、聞こえない時がある。教科書に『少し大きい声で話していただけませんか』みたいな例文があるけど、使う勇気が出ない。一回も使ったことないです」

どの外国語のテキストにも必ずこの類の例文はある。知っていて困ることはない。でも、実はほとんど使わない、使えない文なのかもしれない。はっとさせられた。

それにしても、日本語で分からないことがほとんどないというのはすごい。ディマさんは他の言語も同様に「できた」のだろうか。


「英語は苦手で、学校で14年間やってもできなかった。聞き取りと読むのはある程度できるけど、話せない。私、あまり勉強も得意じゃないです。大学での日本語の勉強も、簡単に言うとあきらめた。ネズミ色って感じで面白くなかったし、行動力も湧かなかった。なんで毎回同じことを繰り返してやらなければならないんだろう？　と疑問を抱いて先生とケンカになったりもしました。私、結構自分の思ってること、顔に出るから。大学の日本語じゃなく『日常の日本語』に熱心だったから、家で独学でやるのが合ってた。

日本語に関して勉強と言える勉強をしたのは、多分人生で2回。日本語能力試験のN3とN2（N3は日常生活に必要な日本語を理解できるレベルで、N2は新聞記事やニュースをあらかた理解できるレベル）を受けるため。試験も、やっぱり耳を頼ってますね。

耳にすっかり入る』かどうか。重たいなら正しくないと判断する。文法のテストもそうやって耳に任せてるところがある」

『耳にすっかり入る、というディマさん独特の表現は、おそらく「記されている言葉を音にした時、頭の中で違和感なく響く」という意味なのだろう。「重たい」は、違和感がある時。聞き取りが育てたセンサーがディマさんには備わっているのだ。

でも、当然だがテストは漢字表記がある。ひらがなとカタカナは2週間で覚えたとのことだったが、漢字はどうだろう？

「ひらがなばかりの文章だと、まぜまぜになって見えるから『ん？』って思う。漢字は好きです。逆に漢字がないと読めない。漢字知ってる言葉がひらがなで書かれていたら、もう分からない。

でも、読み方は結構忘れるほうなので、意味分かってても、『読み方何だっけ、何だっけ』ってなることがあります」

まぜまぜになる、という表現も「混乱の手触り」があって面白い。ひらがなばかりだと単語が見えない、すぐに判別できない。その感覚はよく分かる。ディマさんは「日本語を読む目」を持っているのだなあと思う。

テストには「日本の理屈」が入っている

文章を頭の中で音声にする。漢字は、読み方が分からないものがあっても字面《じづら》で意味を把握する……勉強のための勉強はほとんどしなかったというディマさんだが、なんだかテストは得意そうだ。

「全然勉強しないで、ノリでN1を受けたことがあります。落ちたけど、そんなに難しいとは思わなかった。でも読解は、日本の理屈を理解している必要があると思いました。外国人的には難しい。何が難しいかというと、問題を作る人は『日本人の考え方』で作っているから。それが分からないと正しい答えが選べない」

わたしたちもさんざんやった中学や高校の国語、長文読解のテストを思い出してほしい。「作者の言いたいことは何か」「この文章の内容を表しているものはどれか」という設問が必ずあった。四択の中から答えを選ぶというものだが、ディマさんはそこに「日本の理屈」が入っているというのだ。

「私が考える答えと、問題を作る人の考えはいつも真逆《まぎやく》。読解だけが0点だったこともあります。テキストの内容が理解できても、間違えてしまう。

読解問題の解き方が分かったのは、日本に来てから。日本語学校の先生方に『考える必要はない。問題文の中に答えがあるからそれを探せばいい』って言われて、そうか、考えるから間違えるのか！　と思った。ただ読んで、答えに辿り着ければいいんだって」

試験対策の授業では、わたしもディマさんの先生方がおっしゃったのとまったく同じことを言っている。考えるのではなく探しなさい、と。読解のテストってそうなんですよねえ、と頷きながら、ディマさんが早い段階から「日本人の考え方」がテストに埋まっていると気付いていたことに感銘を受けていた。

単語の活用ルールなどもそうだが、外国語を勉強していると必ず「なんで？」とひっかかる箇所にぶつかる。その時「この言語ではこうなんだ」と、とりあえず理屈抜きで受け止めることはとても重要だ。疑問は大事だし、こだわりたくなってしまうものだが、立ち止まらず保留にして先へ進む。するとあとで「なるほど！」と思える瞬間がやってくる。蓄積した経験と知識が保留をほどいてくれるのだ。

「平たい感じ」を出す努力

それでは、いよいよこの話に入ろう。声優への道のりを歩み出したきっかけは――。

「2018年、大学2年の夏の終わりに、人気声優の梶裕貴《かじゆうき》さんの生演技を動画で見て感動して『この人の隣に立ちたい』って思った。それが始まりです。そのあと、宮野真守《みやのまもる》さんの『DEATH NOTE《デスノート》』での壮絶な演技を聞いて、自分もやりたいという気持ちが高まった。それが8月で、翌9月からデモテープ作りを始めました。畏《おそ》れながら、日本の事務所にも何回か送りました。

1本のテープを作ってそれを6つの事務所に送る、っていうのを5回くらいやったかな。返事がもらえたのは2回くらい。ボロボロに言われたこともあるけど、でもまあいっか、経験だしって思って、発音とイントネーションの勉強を頑張ってやりました」

母語話者と同じレベルの音声を獲得するのはもちろん大変だ。でも、多分ディマさんは「自分はできる」と思っているのではないかと、話していて感じた。自信ありげというより、努力する方向や課題克服のポイントを、ディマさんは理解している。それは日本語の音の特徴を把握しているこんな言葉からもうかがえる。

「低音から高音になるパターンは分かっているんですけど、低音の高さをどうやって調節すればいいか分からない時がある」

例えば、「にほんご」の発音は、「に」が低く「ほ」で上がり、その次の「んご」は「ほ」と同じ高さだ。「うつくしい」は「う」が低く「つ」で上がって「くし」は「つ」と同じ高さだが「い」で下がる。「いつも」は、最初の「い」が高く「つも」は低い。

ディマさんはこの中の「最初が低音」の単語の高さをどのくらいにしたらいいか悩む時がある、と言っているのだ。どのように音を取ったらナチュラルに聞こえるのか、細かいところまで考えていることが分かる。

「1年間大阪に住んでいたので、イントネーションが大阪弁っぽくなってしまうのも悩みのひとつです。もともと大阪弁に憧れがあったから、好きなんだけど、発音や読み方の指導をしてくださっている方からは『大阪弁が好きなら極めてもいいんだけどなあ』って言われる。標準語は平《ひら》たいから、意識して、頑張って平たい感じを出しています」

平たい感じ！　標準語の、細かい高低の少ない穏やかさは確かに「平たい感じ」だ。

「ボイスサンプルを作るために、厳《きび》しくチェックしてもらっているんですけど、テンポも難しい。日本語のリズムをトントントンだとすると、ウクライナ語やロシア語はトゥルルルルって感じで、一つの文章の中にポーズ（間）がほとんどない。文字ひとつひとつをちゃんと言わないで、つなげて言う。日本語は文字をはっきり発音するから、そのあたりのテンポの切り替えがうまくつけられないことがある。で、ゆっくり喋るテキストだと大阪弁の影響が出ちゃう」

日本語は声の演技の自由度が高い

まだまだ自分にはいろいろ問題があるとディマさんは言うけれど、それは直すべきところが分かっているということだ。言語化できるのがその証拠。日々の努力も、苦労と楽しさが混ざり合っているのではないだろうか。

「うーん、そうですね。考えると、梶さんや宮野さんの演技を聞いて『すごい！』って感動したけど、本気で声優になりたいと思ったのはどうしてだろう……。

私、人と話すのはそんなに上手ではなくて、自分を表現するなら何だろう？　と思った時、声優が浮かんだ。で、ウクライナ語とロシア語で声優ごっこをやってみた。でもなんか合わないというか、似合わない。日本の声優を真似してみたら、いい感じだった。

これは個人の意見なんですけど、日本語は『声の芝居』の自由さが、ウクライナ語やロシア語より圧倒的にある。声の演技の自由度で言ったら、日本語を10割とすると、ウクライナ語が3、4割で、ロシア語は2割くらい。

だから、自分を表現するなら日本語しかないと思った。それが声優を目指した理由と言えるのかな」

ディマさんの話を聞いて思い出したのはラウラ・コピロウさんの言葉だ。「フィンランド人は、自分が感じていることを表現するのがあまり得意じゃない。『好きです』『おいしい』『かわいい』のような言葉をほとんど口にしない。日本語では遠慮なくそういう気持ちを言える」とおっしゃっていた。ディマさんの言う「声の演技の自由度」も、その言語を母語とする人たちの気質や習慣に根差《ねざ》すものがあるのかもしれない。

言語によって「声の芝居」の自由さが異なる、というのは声優らしい表現だ

「演技で感情を出す時、日本語でやると自然だと感じる。ウクライナ語やロシア語でやるとなんか不自然になる気がする。人はそんなふうには喋らないよって思う。言い方が自然じゃないというか……そのへん、自分の中でも答えが出ないし、疑問に思ってはいるんですけど、日本語で演技をしていて楽しいのは、会話が自然に聞こえるから」

プロとして日本語で初演技をした『ストールンプリンセス：キーウの王女とルスラン』の現場でのことも聞いてみよう。初めてのアテレコ、ドキドキしましたか？

「言葉にのまれました。どうすればいい？　って思った場面があった」

言葉に「のまれる」。ディマさんの表現はほんとうに豊かだ。何があったのだろう。

「驚いているんだけど驚いてない感じを出してくださいって言われて、オーケーが出るまで時間がかかったセリフがありました。

これは想像なんですけど、監督さんは『この外国人はどこまでやれるだろう』って思ったんだと思う。だからそういうリクエストを出してみたのかなって。自分としては、デビュー作だけどこの仕事で生き残れるか生き残れないかの死活問題だと感じた。結構悩みながら、一生懸命やりました。

多分その問題をクリアできて、そこからは演出のリクエストもどんどん来るようになった。認めてもらえたかなと思って嬉しかったし、マイクの前で自分はほんとうに生き生きしているなと思った。声優の仕事がほんとうに好きだと思いました」

自分が生き生きしていると感じた、と言うディマさんの日本語、そして表情はとても生き生きしている。貪欲《どんよく》に言葉をつかみ取り、獲得した言い回しをどんどん使う。ひとつの表現に固執《こしつ》せず、新しい言い方を試してみる。きっとディマさんはそれを面白いと感じるタイプなのだろう。

斧を捨ててもいいのかも

そう、工藤ディマ、という芸名についても聞きたかった。この芸名は自分で付けたのですか？

「はい。4年くらい前かな？　ニックネームとして使い始めました。私、本名はドミトリー・クドリャフツェフというんですけど、工場の工の字はクドリャフツェフのクから採りました。ドはドウという読み方もある藤。藤は花の名前でもあるから、『工藤』は花を作っている工場みたいなイメージで、いいなと思って。ドミトリーはギリシャ語で豊穣《ほうじょう》の女神《め がみ》の名前、デメテルから来てるので、それにも合う。ただ、ドミトリー／デメテルのほうを漢字にするのが難しくて、じゃあカタカナでいこうか、ってなって、ディマにしました」

工藤は花の工場のイメージ。おお！　なるほど、と思わず声が出た。このポピュラーな苗字を、そんな視点で見たことはなかった。ディマさんと話していてわくわくするのは、こちらが今まで気付かなかった日本語の貌《かお》を見せてくれるから。

「今、日本語で頭がいっぱいなので、両親と電話で話す時、ロシア語を思い出さなくて日本語が出る時もあります。

歴史を辿ると、ロシア語はソ連から強制的にいろんな国に導入されたから、母国語並みの言語になって……だからうちの家庭はロシア語とウクライナ語、半分半分くらい。ただ私、正直なところ、ウクライナ語がどんどん片言になってる。すぐ切り替えられない。ロシア語もすぐ出てこない時があります。ん？　『憧れ』って何だっけ？　憧れを抱いてるってロシア語で何て言うんだっけ、みたいな」

日本語漬けの毎日だから、暮らしていてもう困ることはないですかね、と聞いたら、デイマさんは「いいえ、あります」と答えた。「まだ加減が……」と言う。

「加減が分からない時がある。話していいことと、いけないことがある、その加減が難しい。理解がまだ追い付かないところがあります。

私の周りに同年代の人はあまりいなくて、30代以上の人が多いんですけど、礼儀とか厳しさとかが人によって違うから、難しい。話しかけてくる人が、昔の感覚と今の感覚、どちらを持っているか分からない。人に合わせて話すことが大事なので、まだまだいろいろ学ぶ必要はあると思ってます」

相手がどういう意図で話しているのか、相手の言葉をそのまま受け取っていいのか。日本人同士でも、いわゆる「空気や相手の態度、表情、言葉の裏を読む」「文脈を理解する」ことに疲れてしまうのはたびたびで、ディマさんが「困っている」と言うのはほんとうにそうだろうと思う。

「ウクライナ人は大体、防衛的な話し方をします。相手に自分が強いって示す、立場上自分が優れているみたいな感じを出さないと、潰《つぶ》されるみたいな感覚がある。私、結構マイペースな人であるんで、ウクライナで口ゲンカばっかりした。自分の立場をちゃんと表明したかったから。

でも、日本へ来て、相手が私に〝素手《すで》〟で話しかけているのに、私は〝斧とシールド〟を持っていると感じる時があって。だからなんかもう、斧を捨ててもいいんじゃないか――？　と思ったりします。強い態度を取るんじゃなく、最終的にはジョークに変えればいいんじゃないか？　って」

そう言ったあと、ディマさんは「ああ、今日の発音、バラバラだわ」と言って笑った。

「セリフを言う時は演じることに集中してる。セリフは事前に作られているから、イントネーションや発音に集中できる。でもこうやって話してる時は、何を言うか考える必要があるから、そっちに気を取られて、なんか、あー、バラバラだわって思ってます（苦笑）」

そんなことないですよ、合ってますよと言うと、

「でも今、頭、結構真っ白なので。考えてるって言えるのでしょうか」

こんなにたくさん話してくれたのに！　いやもちろん大丈夫です、楽しかったです、と笑うと、ディマさんは安心したような顔になった。不安なこともたくさんあるに違いないのに、日本語についてのインタビューだから話題が逸《そ》れないようにと、彼はきっと気を遣ってくれていた。ありがたかった。

「声の仕事を極めたい。今は声優に集中して、いずれはラジオとかゲームとかもやってみ

たい」と話してくれたディマさん。これからの活躍がほんとうに楽しみだ。ひとり語りのフリートークもぜひいつか聞いてみたい。

＊＊＊

わたしが一番長く仕事をしたのはラジオの現場なのだが、いつかまた番組をやってみたいなあと思っている。この本のラジオ版のような番組を。

例えばディマさんをゲストにお迎えしたら、ディマさんの発音をたくさんの人に聴いてもらえる。どんなところに気を付けているか、言いづらい言葉は何か。掘り下げていったら日本語の音の面白さを発見できるだろう。そんな夢を描くのはとても楽しい。

ディマさんは「自分を表現するには日本語しかないと思った」と話してくれた。これは日本語を教えて初めて知ったことなのだが、「日本語そのものが好き」「日本語は自分の性格に合っている」から勉強していると話す外国出身者は想像以上に多い。仕事や生活で必要でなくとも身に付けたいと思い、学び続けている人に会うとああ嬉しいなあと思うのと同時に、それは日本語に限らずどの言語にも存在する現象だろうと思う。

そう、ある外国語に出合い、これだ、とひらめいて時間をかけて内在化し、その言語に心を託《たく》している人はたくさんいる。生まれた国より別の国にいるほうがずっと楽だと感じ、その国や地域に住み続けている人がたくさんいるように。

前述したように、わたしはディマさんのことをテレビの朝の番組で知った。

次にお会いできた方を知ったのは新聞の記事だった。「起業めざし、博士課程に進んだベトナムの元技能実習生」と見出しが付けられていた。彼女の名前はゴー・ティ・トゥー・タオさん。

日本で学んだ技能を国に持ち帰り、その国の発展に役立ててもらう。30年近く続いてきた外国人技能実習制度はそんな看板を掲げていた。しかし目的と実態との乖離《かいり》が多くの場所で明らかになり、制度は廃止されることが決まった。替わって2027年までに育成就労制度が導入されることになっている。

技能実習生として来日し、博士課程まで……すごいな、どんな方なんだろう。

記事を書かれた記者の方を通じて、わたしは北海道在住のタオさんにアクセスした。

コラム 日本語クイズ❸

「～ばかり」と「～ところ」はどう違う？

日本語クイズ❷で、似た意味を持つ2つの言葉の差異を考える時は、例文をたくさん作って違いを洗い出すと書いた。

しかし――今はどんな疑問でもそうだけれど――ChatGPTやGEMINIに聞けばたちどころに答えを出してくれるし、日本語教師や日本語の専門家のブログ等も豊富にあるから検索すればたちまち分かる。だから「例文を作る」なんていう作業はものすごくアナログだ。時間もかかる。だけど、わたしは例文作りが大好きだ。手元にある紙にどんどん書き出し、違いが見えてくるとわくわくする。これだ！　と気付いた時はほとんど興奮している。

例えば……。

「あ、今起きたばかり。ごめん！」
「あ、今起きたところ。ごめん！」

約束があったのに寝坊して友達から電話がかかって来た、というシチュエーション。この2つの文の「ばかり」と「ところ」の違いはなんだろう——?
場面を考えながら例文を作る。

＊出社していきなり上司に「例の件なんだけどさ」と話しかけられる。まだパソコンを付けてもいない。

「すみません、今来たばかりで……」
「すみません、今来たところで……」

ほとんど違いがないように思える。「今〇〇したばかり／ところ」じゃない文を作ってみよう。

＊友達に「おなか空いてる?」と聞かれて、

「さっき食べたばかりなんだよね」
「さっき食べたところなんだよね」

これもそんなに違いがない。「今」とか「さっき」のような、時をあらわす言葉を付けない文を考えてみる。

＊会社の飲み会で、販売部のAさんに家族について尋ねたら、Aさんはこう答えた。

「あ、僕、実は結婚したばかりなんです」

「結婚したところなんです」だと、直前に式をしたとか婚姻届を出したとか、そんな感じがする。この場合は飲み会での会話だから、それはない。つまり「ところ」は、「〇〇した」ことがその発言のすぐ前に起きている時にしか使えないことが分かる。

一方で「ばかり」は「〇〇した」ことが少し前という感じがする。どのくらい前なのか分からないけれども「少し」だ。そのさじ加減はAさんの——話者の——感覚による。先週でも先月でも半年前でも「結婚してからの時間がまだ短い」と感じていれば「結婚したばかりなんです」と言える。

そう、「〇〇した」ことが直前だった場合には「ところ」、それほど時間が経っていないと話者が思っている時には「ばかり」を使うのだ。

こうやって例文を作って、言葉／言い回しの使い方の違いに自力で辿り着けた時はほんとうに嬉しい。ちなみにこれらの例文における「ばかり」と「ところ」の違いは、日本語能力試験のレベルでいうとN3、中級の項目です。

それではここでクイズです。
＊週末はたいてい動画を見ている。
＊週末はよく動画を見ている。
「たいてい〜する」と「よく〜する」の違いを考えてみてください。

答え：「たいてい〜する」は習慣化していることを言う時に使うことが多い。
○たいてい夜10時には寝ていますね。
×よく夜10時には寝ていますね。
「よく〜する」は頻度が高いと言いたい時に使う。

○私はよく汗をかくほうだ。
×私はたいてい汗をかくほうだ。

第8章

「一年かけて読んだ稲盛和夫さんの本」

ゴー・ティ・トゥー・タオさん（ベトナム出身）

ゴー・ティ・トゥー・タオ
1992年生まれ、ベトナム出身。2017年6月、美幌町農業協同組合の技能実習一期生として来日。現在は北見工業大学大学院博士課程に在籍し、研究テーマは「農薬の無害化」。

北海道東部、北見市《きたみ》に隣接する美幌町《びほろ》。オホーツク海から30キロほど内陸に入った、たくさんの川が流れる町だ。

ベトナム出身のゴー・ティ・トゥー・タオさんは2017年、この美幌町の農業協同組合技能実習第1期生として同郷《どうきょう》の女子3人と共に来日した。日本に興味を持ったきっかけは、ベトナムのスーパーでアルバイトをしていた時に知った日本の野菜。高価だが、消毒をせずとも食べられる日本産の野菜に、ホーチミンの大学で化学を学んだタオさんは関心を持ったという。

収穫物の選別や農作業など、早朝からの仕事もこなしながら3年間の実習生活を送り、周囲からの勧めもあって、やがて大学院への進学を考えるようになった。一度帰国してから再来日しようと思っていた2020年、世界をコロナ禍が襲う。帰国が叶わなくなり、タオさんは日本に留《とど》まり仕事と勉強を続けた。その年の8月に、日本で最も北にある国立大学、北見工業大学の修士課程に合格。そして今年(2023年)の春、大学院博士課程に進学した。

タオさんの新聞記事を読んだあと、美幌町の実習生を紹介する（数年前に作られた）動画を見た。タオさんの話し方はとてもすてきだった。正直で温かな人柄が伝わってくる「心が乗っている」日本語。どうやって習得したのかぜひ聞きたいと思った。

オンラインで行ったインタビュー、タオさんは実験のために毎日通っている大学の構内からアクセスしてくれた。思った通りの明るい雰囲気に、こちらの心もほぐれた。

まず、日本語を勉強し始めた頃のことから聞いてみよう。

ベトナム語を話したら1回100円

「最初は、技能実習生候補者が学ぶベトナムの日本語センターで勉強しました。ひらがなとカタカナがなかなか覚えられなくて、覚えるだけで2か月くらいかかりましたね。私だけじゃなく、他の人たちも大変そうでしたけど、私は結構先生に叱られてました。クラスの中には、日本語能力試験のN4（基本的な語彙、簡単な話題を理解することができるレベル）を持っている人もいたので、そういう人たちに比べると自分はもう全然できない。つらかったし、日本へ行ってもただ働くだけでいいと言われていたこともあって、日本語あきらめようと思ったりもしました。

でも、なんとか頑張って成績も上がって、10か月勉強したあと日本へ来たんですが、自分の日本語、全然通じませんでした。というか『日本人が話す日本語』が聞き取れなくて、びっくりしました」

普段の、作りこまれていない「生」の会話は、無駄な言葉も挟まれるし省略もある。あっちこっちに話が飛んだりして、一貫性がなかったりもする。聴解《ちょうかい》教材のようにゆっくり話されるわけではないし、なんといってもスピードが速い。

「そう、もう速くて、最初の頃の会話は挨拶だけ。一緒に作業をするおじいさん、おばあさんの喋る言葉はどんどん過ぎてっちゃって、あれ、今聞いた単語はくっついてるのかな、離れてるのかな、みたいに『？』ばかり。全然分からない。一緒に日本に来た他の３人のうち、2人はもうN3のレベル（中級）まで勉強してて、少しは喋れるだろうと思っていたんですけど、やっぱり挨拶しかできなくて。みんなでショックを受けましたね」

タオさんたちは一計《いっけい》を案《あん》じた。仲間内で、あるルールを作ったのだ。

「ベトナム人女子4人で一緒にいると、やっぱりベトナム語を使っちゃう。もし職場で周りの人と喋らなかったら、日本にいるのに全然日本語を話さないことになっちゃうから、住んでいる寮でベトナム語を話したら1回につき罰金100円、っていうルールを作りました。日本に来て1週間後に、全員で納得して決めました」

すばらしい。でも、初めての日本で初めての仕事をして、なおかつ友達と話す時も日本語……というのは、相当ストレスが溜《た》まりそうだ。

「ストレスですよ（笑）。たまに、聞いてほしい面白い話があっても、日本語では表現できなくて、どうしても話せない。でもベトナム語を話すと罰金されちゃうから、落ち込むこともありましたね」

そのルールはずっと続いたのだろうか。

「いやー、守れませんでした（笑）。もうこのままだと生活できないじゃんってなって、みんなベトナム語に戻ったんですけど、でもそのルールを作ったことで、もっと日本語頑張らないといけないなっていう気持ちになりました」

本で覚えた言葉は忘れない

農作業は当然ながら早朝の仕事もある。どんなふうにタオさんは勉強していたのだろう。

「実習生の時は、夜は7時、8時に寝て、朝3時頃に起きるという生活だったんですが、私、本を読むことが好きで、読書で勉強しました。日本に来たばかりの頃は、毎週日曜日に美幌図書館へ行って、漢字が少ない、ひらがなの多い本を借りて読みました。ダイソーで小学生用の本を買ったりもしましたね。最初は絵本も読みました。

ベトナムでも本は読んでいたんですけど、重いから持って来なかったんです。日本にもベトナム語の本、あるだろうと思っていたらなかったので、日本語の本を読むしかなかった。それが勉強に結び付きました。

問題集や教科書ばかりやるのは退屈というか、なんか意味がないなって思っていて。本を読むと内容が頭に入って来るから、そこに出てくる言葉も同時に覚えられる。やっぱり読んでいて楽しいほうが覚えられます。言葉だけ勉強しててもあまり集中できないし、すぐ忘れちゃう。でも、本を読む時は内容に入り込んでいるから忘れないんですね」

うんうんと頷いてしまう。どうしても勉強は「覚えるために覚える」ものになりがちだ(というか、それが勉強というものかもしれないが……)。教える側としては、学習者が興味のありそうな話題を授業中に盛り込むなどして、その日の課題が記憶に残るように工夫するけれど、能動的に取り組める素材を自ら選んで学ぶことほど「強く」覚えられる方法はない。ストーリーを追いながら言葉を頭の中に「入れて」いくと、言葉はきっと「入って」いく。

「工場の昼休みの時間は、昼寝していてもいいんですけど、いつも本を読んでいました。そうすると『なに読んでるの？』って、周りの人が話しかけてくれる。そのうちに『あ、この言葉は日常会話にも使えるんだな』みたいに、少しずつ分かってくる。話せるようになってきたかな？　って思ったのは来日して半年くらい過ぎた頃ですね。短い文しか話せなかったのが、だんだん長い文が作れるようになっていきました。

今も本は読みます。心理学とか、ビジネス関係のものとか。私、稲盛和夫《いなもりかずお》さんの本がすごく好きなんですよ。『生き方』という本を、漢字を調べながら1年かけて読みました。前の日に読んだ部分を忘れてしまって、もう1回戻って読み返したりするので、1冊読み終えるのに時間はかかりますが、読書は大好きです。

本を読んだり、勉強したりする時はコーヒーをよく飲みます。父がベトナムでコーヒーを作っているんですけど、初めて日本へ来た時は、荷物の中に父がコーヒーをたくさん入れてくれました。『お父さんのコーヒー』を飲むと、やっぱりほっとしましたね。周りの人とも一緒に飲みました」

そうだ、ベトナムはコーヒーの栽培《さいばい》に適した温暖な国。対照的な気候の北海道での生活は驚きも多かったのではないだろうか。そのあたりも聞いてみよう。

「もちろん、寒いところだと知ってはいたんですけど、どのくらいの寒さなのか想像がつきませんでした。ベトナムは一年中、暑いというか暖かいから、寒いっていうのがそもそも分からない。だから最初の冬は大変でしたね。仕事が終わると私たち4人、全員でストーブの周りに集まってもうどこへも行けない、動けない（笑）。肌も乾燥して、手にはひび割れができたりしました。寒さもそうですけど、乾燥もつらかったです。

雪を初めて見た時はわくわくしました。朝の天気予報で『今晩は雪が降ります』って言っているのを聞いて、その日は一日中、ずーっと空を見ていました。降ってるのかな、降るのかな、と思いながら雪を待ってました。

今は北見に住んでるんですけど、北見の雪は湿《しめ》ってなくてとてもきれいです。でもそれは空気が乾いているから。だから今も肌の乾燥には悩まされますね」

工場のおじいさん、おばあさんのサポート

コーヒーを飲みながら読書していたというタオさん。日本語とベトナム語の違いや、勉強方法についても聞いてみた。

「ベトナム語は動詞や形容詞が変化しないので、日本語の活用のルールを覚えるのは最初はちょっと大変でした。でも今、本を読んでいて知らない言葉にぶつかっても、ルールを当てはめて『あ、こうかも？』って推測できる。だから基礎は大事かなと思います。

漢字は、難しいですけど、書くのは面白いから嫌いじゃないです。ひとつ書けたら、あ、すごいな、自分これ書けるようになったんだって嬉しくなります。

一番難しいのは、発音ですね。文章を大きい声で読んで録音して、それを聞いて直して、を繰り返して練習していますけど、研究について発表する時、先生に注意されることもあ

ります。あります、というか毎回ですね。発音を間違えたら別の言葉に聞こえてしまうし、そうすると聞いている人に内容が分からなくなってしまう。専門用語もあるので、苦労しています」

でも、来日時にはタオさん曰《いわ》く「挨拶だけ」だったのが、今は専門用語を使って研究できるまでになっているのだ。その間《かん》に、自分の日本語がレベルアップしたとはっきり感じた瞬間があったに違いない。

「多分、それは日本に来て3年目の、北見工大の修士課程に進学する時の試験ですね。ベトナムの大学で学んだこと、研究内容を5分間にまとめて発表する試験だったんです。

その時はまだ工場で働いていたので、研究についての資料を渡して、工場のおじいさん、おばあさんに聞いてもらいました。そうしたら、おじいさんがちゃんと資料を読んで内容を調べてくれたんですよ！　ただ私が一方的に話すだけじゃなくて、話したことについて質問する役をやってくれたので、本番みたいな感じで練習できました。おばあさんも熱心に聞いてくれて。だから当日も安心して、自信をもってできました。

今思い出すと、もう夢中で一生懸命喋ったので、何を話したのか覚えていないんですけど（笑）、大学の先生たちが『タオさんの研究がよく分かりました。いいですね』って言ってくれて、ああ、自分の日本語が伝わったんだ、うまくなったのかなって思いました」

語学はなだらかに上達していくものだが、こんなふうに「あの時、日本語力がぐっと上がった」と自分で認識できる「地点」があるのはとても重要なことだ。達成感、充実感を得た経験が記憶に強く刻まれ、言葉に対する不安が払拭《ふっしょく》されるからだ。おじいさん、おばあさんも、頑張っているタオさんの力になることができて嬉しかったに違いない。

ベトナムのコーヒーの価値を上げたい

今は博士課程に在籍《ざいせき》しているタオさん。どんな研究に取り組んでいるのだろうか。

「排水の処理技術の開発、水中の汚染物質の除去に関する実験を毎日やっています。土に含まれている農薬を速く分解させる方法も、研究の中心のひとつです。ベトナムで開かれる環境に関するフォーラムで、これまでの研究を発表する予定もあります。

ベトナムの環境改善や、農業に貢献したいという気持ちがあるんです。具体的にはコーヒー。さっき父がコーヒーを作っていると話しましたけど、ベトナムは世界第2位のコーヒーの産地なんです。でもあまり知られていない。もっと有名になってほしいですね。どうやったらベトナムのコーヒーのおいしさを知ってもらえるか、価値を上げられるか考えています。それに関連するビジネスを、いつか立ち上げたいと思っています」

そう、ベトナムのコーヒーはおいしい。最近、日本人の間でもその認識が広まっていると感じる。質の高いベトナムのコーヒーと研究を結び付けたいという願いを、タオさんは持っているのだ。

「今度、ビジネス日本語の試験も受けてみようかなって思っているんです。去年（2022年）日本語能力試験のN1に合格してから、日本語の勉強をあまりしていなくて。それまでは試験を目標に毎日勉強していたんですけど、N1が取れてほっとして、少し休んでしまっています。
なんか最近は、自分の日本語力、落ちてる気がして……ビジネスの本も読んでいるので、それも生かしたいし、もうちょっと勉強しないといけないないですね」

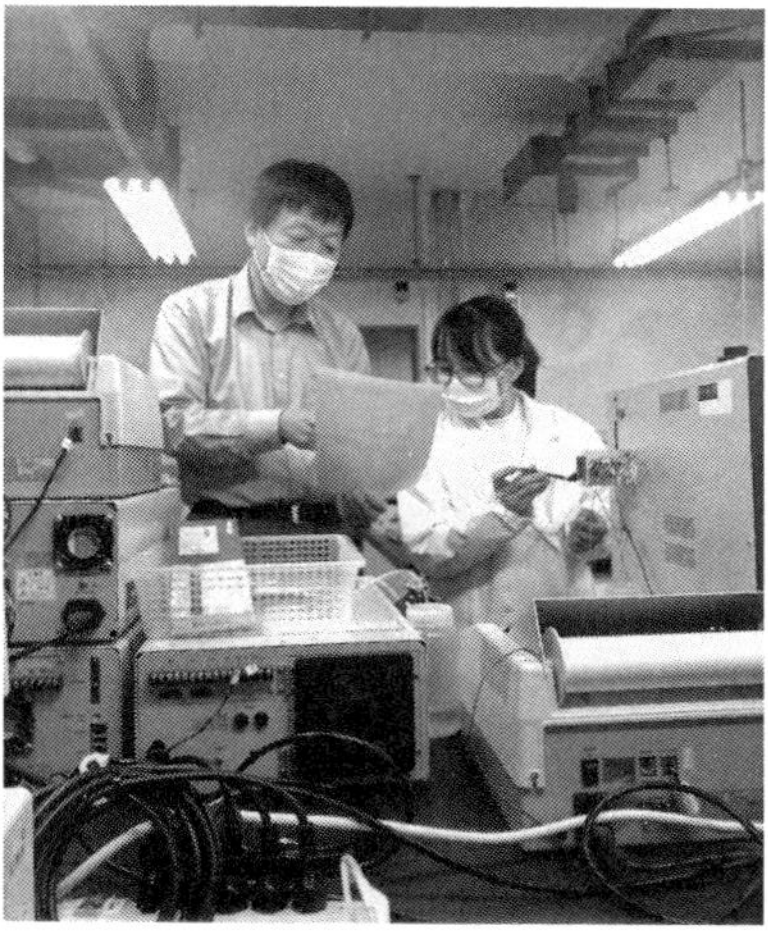

「大学院生活は意外と日本語を話す機会が減る」という気づきが鋭い

日本語力が落ちている、なぜそう感じているのだろう？

「大学院にはタイやモンゴル、マレーシアからの留学生もいるので、食堂で一緒にお昼ご飯を食べたりします。その時は日本語で話しますが、私もみんなも、それ以外の時間はずっと実験をしてて、化学の実験なので集中しないと危ないから、あまり喋らない。コミュニケーションの時間はそんなに長くないんですね。多分、実習生の頃より、日本語を使うチャンスは減っている気がします。先生に相談する時くらいかな……」

日本語を使う機会があまりない、というのは、おそらく多くの外国出身者が感じていることだと思う。話さなくても困らないように、社会が変化していることも大きい（だからこそ、コンビニや居酒屋などで働く外国出身者のすごさも分かるのだが）。道が分からなくて人に聞く、なんてこともスマホがあるからあまりないし、外食のチェーン店では注文もタブレットでできてしまう。買い物もセルフレジがある。日本語教師としては、学んだことをどんどん生かしてほしいと思うけれど、「どうしても日本語を使わなければならない」場面は、病気の時などを除いて日常生活ではとても少ない。

そんなことをタオさんに話したら、

「やっぱり、私もたくさん喋れば普通に自然に話せるんですけど、使わないと言葉は出てこないですね。今もまだ、言いたいことが言えてないと感じる時があります。簡単な文法しか使ってないと思うし、敬語もまだまだだと思います」

と謙虚な答えを返してくれた。そう、日本語で話すタオさんはとても謙虚で思慮《しりょ》深い。タオさん自身は「日本語の自分」をどう感じているのだろうか。

「日本語を使っている時の自分は、考えながら話しているから落ち着いているかなと思います。私、ベトナム語では結構早口なんですよ。たまに、喋ってるんだけど頭の中では別のことを考えていることもあって、特に友達と喋っている時、聞き返されても『あれ、今何言ったんだっけ？』ってなることがあります（笑）。

考えずにすらすら話せる母国語の自分と、考えて話している日本語の自分は、性格というか雰囲気が違う。今、ほとんど日本語で生活している中で、ときどきベトナム語を話すと、ちょっと冷静に喋っているなと気付きます。ベトナム語の自分も、考えながら、話に集中して喋ってる。日本語での話し方がうつっているんですね」

外国語の自分が、母国語の自分に影響を与えている。今までインタビューさせてもらった方々も同様の気付きを口にしていた。外国語を学ぶとは、新しい自分が生まれることでもあるのかもしれない。

「今勉強していることを、将来役立てたい。起業のために生かしたい。そういう気持ちがどんどん強くなっていると感じます。日本国内の学会で、日本語で発表するために発音も改善しなければと思っています。時間がかかっても、本ももっと読みたいですね。研究も大事ですけど、私にとって日本語もとても大事です」

＊＊＊

本には「内容」があるから、意味を忘れない。

タオさんがさらりと言ったこの言葉に強く共感した。

単語や文法を覚えようとして、何度も文を聞く。読む。でもそれが独立した例文だとあまり定着がよくない。物語だったり、人物設定が施された会話だったりするとスムーズに覚えられる。文脈の中に存在する言葉は、そのシチュエーションごとパッケージで記憶されるので、手がかりをひとつ思い出すと糸を引くように場面が蘇《よみがえ》る。意味と共に言葉があらわれる。タオさんはそんな経験を多く重ねてきたのではないだろうか。

一緒に来日した女子たちとの励まし合いのエピソードには、もうぐっときてしまった。暖かいベトナムから北海道へやって来た彼女たちが当時、不安や心細さを分かち合いながら「ベトナム語禁止」のルールを作り、朝早くから肉体労働をしながら頑張っていたって……ああ、ほんとうに大変でしたよね、と、笑顔で優しく話してくれるタオさんに何度も言わずにはいられなかった。

タオさんの向学心は、大学院在籍中に日本語能力試験のN１を受けたということからもうかがえる。N１を持っていると一目置かれるがそれだけレベルは高いし、日本人からすると、普段はそれほど使わないこんな言葉が試験に出るのかと驚くような難しさなのだ。ベトナムの日本語センターで、先生に叱られながら学んでいた時からほんの数年でN１に合格するなんて、どれほどの努力をされてきたのだろうと思う。

タオさんは「日本語の自分がベトナム語の自分にもうつっている」と言った。

ウクライナのディィマさんは「演技で感情を出す時、日本語でやると自然だと感じる」と言った。

ベナンのエマヌエルさんは「関西弁が自分の中にどんどん進出してきている」と言った。

フィンランドのラウラさんは「心動かされた時、日本語だと断然言いやすい」と言った。

ドイツのマライさんは「意識して日本語を喋っているという感覚はない」と言った。

イタリアのイザベラさんは「私にとって日本語は『ただの言葉』『外国語』じゃない」と言った。

中国の孫さんは「もっと日本語でお客さんと深い話がしたい」と言った。

韓国のKさんは「自分から日本人の雰囲気が出ている気がする」と言った。


言葉は人を司る。

人と言葉は切り離せない。

ならば、操れる言葉＝自分、なんだろうか――？

その問いを携えてわたしは次の方にお会いした。

ティムラズ・レジャバ駐日ジョージア大使。ＳＮＳでの発信が大人気の方だ。

第9章

「言語の可動域とアイデンティティ」

ティムラズ・レジャバさん（ジョージア出身）

ティムラズ・レジャバ
ジョージア出身。1992年に来日、その後ジョージア、日本、アメリカ、カナダで教育を受ける。2011年9月に早稲田大学国際教養学部を卒業し、2012年4月キッコーマン株式会社に入社。退社後はジョージア・日本間の経済活動に携わり、2018年ジョージア外務省に入省。2019年に駐日ジョージア大使館臨時代理大使に就任し、2021年より特命全権大使。

今、日本で一番知名度のある駐日大使と言えばこの方だろう。ジョージアのティムラズ・レジャバ大使。2024年12月現在、Xのアカウントには35万以上のフォロワーがおり、来《こ》し方《かた》を綴《つづ》ったエッセイ『ジョージア大使のつぶや記』（教育評論社）や、新鮮な視点の日本論『日本再発見』（星海社新書）などの著書もある。

黒海沿岸の国ジョージアは、美しいコーカサス山脈、温泉、そして8000年の歴史を持つワインの生産地として知られている。レジャバ大使は自国の情報をタイムリーに発信するだけでなく、大使として、また私人としてどんな日常を送っているのかを、豊富な写真とユーモア溢《あふ》れる粋《いき》なコメントで日々伝えている。投稿には毎回たくさんの反応があり、いわゆる「常連ファン」も多い。

レジャバ大使と日本との関係は深い。父の広島大学留学のため4歳で来日。その後帰国し、アメリカ滞在を経て小学5年で再び日本へ。茨城県つくば市での高校時代に一度ジョージアに戻って学び、早稲田大学在学中にはカナダ留学も経験。キッコーマンで会社員生活を送ったあと、ジョージアで貿易関係の仕事をしていた時に外務省から声がかかり入省。駐日ジョージア大使館臨時代理大使に就任し、2021年に特命全権大使となった――というプロフィールの中で、日本で過ごした時間は20年近くに及ぶ。となると、日本語はもう母語のようなものなのだろうか？　大使にとって、日本語はどんな存在なのだろう。

移転前の赤坂の大使館でレジャバ大使はにこやかに迎えてくださり、まずこうおっしゃった。


「最初に申し上げておきたいのは、私の母語はやはりジョージア語で、日本語は『流暢に話せる第二外国語』という位置づけだということです。人生で一番最初に出会った言葉がジョージア語であること、そして自分自身の拠《よ》りどころはジョージアにあるというのがその理由です。

外側から見ると、日本人と変わらないくらいに日本語を使いこなしていると見えるかもしれませんが、実はそれなりにエネルギーを使っていますし、私の中では常に『外国語を話している』という感覚があります。子供の頃からずっと、どうやったら自然に話せるのか考えてきましたから、日本語はやはり意識的に獲得したものなんですね。たとえ日本語のほうがうまく使えたとしても、私にとっての心の言葉はジョージア語なんです」

心の殻を破った「でんしゃ」

来日した4歳の時、ご両親も日本語は分からなかったという。レジャバ大使は保育園や幼稚園に通いながら、日本語を吸収していったのだ。

「当時、友達や近所の人が使う日本語を聞いて、理解できてはいたけれども、どうしてもアウトプットすることができなかった。親も私が日本語を話さないことをすごく心配していました。自分は外国人で、周りから特別視されているという認識に加え、子供らしい恥ずかしさやためらいがあったんだと思います。

あるとき、我が家に日本人の女性をお迎えすることになり、母に『ちゃんと受け答えをしなさいね』と強く言われました。その方を車で駅まで迎えに行き、家に着くまでの途中、踏切で停車した時のことです。通過する電車を見て、その方が『あれは何?』と私に問いかけました。

頭の中に2つの言葉が浮かびました。でんしゃと、じてんしゃ。似ているから、どちらだろうと一瞬思いました。ものすごく緊張しつつ『でんしゃ』と口にし、女性は『偉いね』と微笑《ほほえ》んでくれました。大変な思いで言った言葉だったので、合ってた、良かったと安堵しましたし、達成感のような気持ちも胸に広がりました。5歳か6歳だったと思うんですけど、それが突破口になって、そのあとは一気に言葉が出てくるようになりました」

ブレイクスルーを経て、大使はどんどん日本語を使うようになっていったと言う。

「自分から話しかけることもできるようになって、友達もたくさんできました。読み書きもそんなに大変ではなかったですね。

ただ、一旦ジョージアに帰国し、アメリカでの生活を経て日本に戻って来た小学5年生の時は、周りとかなり差があると痛感しました。会話もできるかできないかのレベルになってしまっていたので、日本語の補習を受けたりもしました。

そこからですね、覚えていく楽しさを味わうようになったのは。少し上達しただけでも、注目されたりすごいねと言われたりすることでモチベーションが上がる。学習に弾《はず》みがつく。母語ではないからこそ、複雑な表現や言葉の成り立ちを知っていると褒《ほ》められる。これは自分の武器だなと思うようになりましたし、言葉自体への興味も高まりました」

なにか学習上で苦労したことはなかったのだろうか。漢字を苦痛に感じるとか……。

「もちろん楽ではありませんでしたが、苦痛ではなかったかな。常用漢字が2000もあると言うと、ジョージアの人はみんな驚きます。でも、生活の中でも漢字は覚えることができるんですよね。毎日の暮らしの中で目にする漢字をひとつ覚えると、それは次の漢字を獲得することにつながります。それに、漢字って純粋に面白いじゃないですか。自分が言いたいことを、漢字という文字表現でより正確に伝えられる。それはとても面白いし、便利だと感じます」

日本語は使い勝手がいい言語

柔らかく、淀みなく大使は話してくれる。大使が思う日本語の性質、性格についても聞いてみよう。

「日本語は、配慮がある言語なんじゃないかと思います。例えば、断りたい時のバリエーションが多い。それも直截《ちょくせつ》的ではなく抽象的な言い方で、柔らかく伝えたいという気持ちが前面に出る。敬語に象徴されるように、人間関係をベースにした、相手と話すことに主眼を置いた言語ではないかという気がします。

柔らかくしたい、という感覚は語尾にもあらわれていると思います。断定を避けて『〜でしょう』と言うことがありますよね。英語で『maybe《メイビー》』と繰り返していたら、その人は単に気の弱い人なのではないかと思われてしまいます。でも日本語ははっきり言わないことで摩擦を避ける、そんな性質がある。

それになんと言っても、オフィシャルの場ではビジネスマナーを理解していないとコミュニケーションが成り立たない、というのが大きな特徴ですね。たとえ文法や発音にまったく問題がなくても、丁寧な言葉を使っても、『話せる』だけでは、それはコミュニケーションとは言えないんですよ。商習慣における礼儀、しきたり、それらをセットで理解し、

「『話せる』だけではコミュニケーションとは言えない」は至言だ

その都度アジャストしなければならない。特に年配の方と話す時は、普段の会話で使っている言葉を使ってしまったら失礼にもなります。そこが日本語の難しいところですね」

〈話せる〉だけではコミュニケーションとは言えないという言葉にハッとさせられた。ある言語を「意思疎通《そつう》が可能なレベルまで運用できる」というのは、時と場合、話す相手によって使い分けることができてこそなのだ。

「難しい面もありますが、仕事をする上では使い勝手のいい言語だとも思います。ちょっと頼みづらいことをお願いする時など、迂回した表現を使ってても分かってもらえますよね。ダイレクトに言わなくても通じるというのは、日本語らしさのひとつだと思います」

「物」が言葉を補う

日本語らしさと言えば以前、日本語学校の留学生にこう言われたことがある。「英語は汚い言葉もたくさんあるけど、賞賛する言葉もたくさんある。日本語は、汚い言葉も少ないけれど褒め言葉も少ない。会話で使う日本語は、汚い――きれい、の幅が狭いような気がする」と。

その話をすると、「ああ、確かに」と大使は頷かれた。

「外国語を覚えるにあたって、まず最初に知りたいのは汚い言葉ですよね（笑）。そこが興味の入り口になる。ジョージア人にも『日本語の汚い言葉って何？』と聞かれることがあるんですが、『うーん……〝バカ〟くらいかな』と答えると『え、それだけ？』と結構がっかりされます（笑）。なので、こう説明します。『日本人はみんなとても礼儀正しいからこそ、〝バカ〟ってひとこと言うだけでも最大の侮辱《ぶじょく》になるんだよ』と。彼らはびっくりしますが、感心もします。

褒め言葉が少ないのは、日本が『個』より社会を重視してきたからでもあると思います。日本語は、主観的な言葉が弱い。すばらしい、と言ったとしても、それはその人の主観が強く出ているというより、一般的な評価を含んだ表現ですよね。相手のことを良く言いたい、褒めたいと思うと、なにかプライベートな感じが出てしまったり、過剰《かじょう》な親密さがあらわれてしまったりするのじゃないかと考えて悩んでしまう。最適な言葉が見つからず、もどかしく思うこともあります」

そう、特に意見や評価を端的《たんてき》に言いたい時、日本語はちょっと不自由だな、バリエーションが少ないなと感じることがわたしにもある。例えば映画の感想を聞かれて、悪くなかったと思ったら、それがどんな内容であろうと「面白かった」で済ませてしまったりする。「興味深い」も「笑えた」も「考えさせられた」も「面白い」には含まれているから。でも、もっと深い気持ちが心の底には横たわっているはずだ。それを言いあらわす言葉を、知らないわけではないのに「常備《じょうび》」していないような気がする……。

そんなことを少し話したら、大使はこうおっしゃった。

「だからこそ日本には、いろんな場面で物が登場するんです」

物？

「手土産や差し入れ、手紙、季節ごとの贈り物、そういう物で日本人は想いを相手に伝えますよね」

——なるほど……！

「言葉で直接表現しないかもしれないけど、日本人はいろいろな方法で気持ちを伝えるんだよ、と外国の方にはいつも言っています。会社でも、誰かが異動《いどう》するとか、転勤する時

ジョージアはワイン発祥の地といわれる

にサプライズを用意したりしますよね。ちょっとした仕草にも気持ちはあらわれることがある。言わないから思っていない、ということじゃないんです」

なぜ外国人力士は日本語がうまいのか

　レジャバ大使が赴任する前、多くの日本人に名を知られていたジョージア人と言えば大相撲の力士たちだろう。黒海《こっかい》、臥牙丸《ががまる》、栃《とち》ノ心《しん》。相撲界の歴史に名を刻んだ方々だ。大使館の壁には栃ノ心の現役時代のポスターが貼《は》ってある。

　そうだ、昔から不思議に思っていたのだけれど、外国出身の力士はなぜあんなに日本語がうまいのだろう？

「相撲の動きと言葉が一体化しているからじゃないかなあ。例えば、押し出そう、という時に、この動作を言葉にすると押し出しだ、ということが頭に刻まれて、体の動きと合致する。心にフィットする。それを繰り返すことで、とても自然な日本語が身に付くんじゃないかと思います。

彼らは自分の人生をかけて相撲をやっているから、いろんな取り口や技術を覚えていく中で『右四《みぎよ》つを狙う』とか『はたき込む』とか、勝つための思考が言葉と結びついているんですよね。気持ちがちゃんとそこにあるからうまく聞こえる。そんなに難しいことを言っているわけじゃないけど、体と心と言葉ががっちり連動《れんどう》しているから、流暢に聞こえるんだと思います」

明晰《めいせき》な分析に頷かずにはいられない。大使の、人の心をとらえる言語化の巧みさにあらためて感じ入る。

言語化といえば、大使とジョージアのファンを増やしたのはやはりＳＮＳでの発信だろう。投稿するうえで、心がけていることとは――。

「自分の投稿が注目されているとしたら、理由のひとつは『浮いているから』だと思います。社会的に知名度のある方はＳＮＳで気持ちをあらわさない傾向がありますが、自分は隠さずに感情を出している。だから際立って見えるんでしょう。

ほんとうの自分を見てもらいたいので、しっくりこない言葉は使いたくない。状況や、その時の心理に一番近い表現を類語辞典で探したりもします。読む人に訴えかけるために、大げさというか、意識して強い言葉を使って書くこともありますね。私はジョージア政府から給料をもらっている外交官なので――日本の税金で働いていたら叩かれるのかもしれないけれど――ジョージアの外務省に所属している人間だから、感情を表出させた投稿をしても、まあいいかなと思っています。

ただ、いつも注意しているのは『見渡さなければならない』ということ。誰かを嫌な気持ちにさせたり傷付けたりしないよう、ポストする前に第三者の意見を聞くこともあります。間違ったイメージを与えたくないですし、言い回しひとつでも印象はすごく変わりますよね。気軽な投稿もありますけど、限られた文字数で伝えるためにいろいろ工夫しています」

言語によって変わる表現の可動域

日本語、ジョージア語、英語。日々3つの言語を駆使して仕事をされている大使は、それぞれの言語を使う時、スイッチが切り替わるように自分自身の内側で何かが変わると感じることはあるのだろうか。

「一番気楽に、心のバリアを張らずに使えるのはやはりジョージア語ですが、それぞれ、表現の可動域《かどういき》が違うというのかな……例えばなにかを指示する時、同じ内容を日本人のスタッフとジョージア人のスタッフに伝えたとして、片方ではフラットに聞こえ、もう片方では厳しく聞こえる、みたいな現象は起きているのかもしれません。言語によって、表現しやすいこと、しにくいことというのはやはりある。性格はもちろん変わらないけれども、相手にはキャラクターが違って見えることはあり得ると思います」

繰り返されてきた思考と経験から生まれる、言語に対する見解には強い説得力がある。そのルーツは子供時代からの葛藤《かっとう》にあるのかもしれない。

「『自分は何者なのか』ということを考えざるを得ない環境で成長してきたとは言えますね。子供の頃、日本人の友達と日本語で会話して、別になにも不自由はしてないのに、親に『ジョージア語の本を読め』と言われて嫌だなあと思った時もありました。日本のゲームやアニメも好きだったし、スポーツにも打ち込んでいて、困ったことがあるわけではなかった。だけど、ほんとうのところ、心の中ではモヤモヤしていたんですね。自分のアイデンティティはどこにあるんだろう——？　その答えが欲しいと、ずっと思っていました。

だから高校時代に、ジョージアに1年滞在して、文化や言語をしっかり吸収したことで『自分はジョージア人なんだ』と確信を持てたのは嬉しかった。所属する場所はここだ、と分かったことで安心もしたし、自信も生まれました。大きな壁にぶつかって良かったと今では思っています」

大使の視線は、幼い娘さんたちの将来にも向いている。

「ジョージア語と日本語を使う彼女たちが、私が直面したような壁や悩みにどんなふうに出くわすかはやはり気になります。でも、ある程度楽観的にとらえてはいます。自分ほど苦労はしないんじゃないかな、と。親の経験が参考になると思うし、今は昔よりグローバルな世界になっている。それぞれのアイデンティティや独自の文化が尊重されて、再評価されるような世の中になりつつある。

もちろん、今は想像し得ない別の問題が3人の前に立ちはだかるかもしれない。でも、きっと大丈夫。その都度解決しながら生きていけると思います。それが人生というものですから」

＊＊＊

「私にとって日本語は外国語」だと、まず大使はおっしゃった。外国語を話しているという意識が常にある、と。

「母語に近いものです」という答えが返ってくると思っていた。豊富な語彙、美しい発音、意思を持った理路整然《りろせいぜん》とした話し方――言語を運用する技術のすべてを持っているのだし、幼い頃から使っていたのだから母語同様だと感じているのではないか、と勝手な予想を立てていたのだ。

「たとえ日本語のほうがうまく使えたとしても」

大使のこの言葉も衝撃的だった。使いこなせることと心の居場所であることとは、重ならない。「使いこなせるなら母語のようなもの」＝「心の拠りどころ」だとわたしは――日本語しか話せないわたしは――思っていた。

人に話を聞く意味は、自分の中にいつの間にか形作られたステレオタイプな考えを覆《くつがえ》してもらうことにもある。ジョージア、そしてジョージア語が自分のアイデンティティだと確信できているからこそ、大使は日本語を遠近両方の視点から見られるのだろう。「外国人力士の日本語のうまさ」についての鮮やかな見解も聞くことができて（あの自然さはどうやったら身に付けられるのか、と長年考えていたのだ）とてもありがたかった。大使の思慮深い声が、いつまでも耳に残った。

コラム
日本語クイズ❹

描写としての「かたこと日本語」と助詞

外国人労働者や留学生が登場する小説が以前より多くなったと感じる。

読んでいて個人的にどうなのかなあと思うのは「ワタシ、クニ、カエル」のように、彼らの発言がカタカナ表記になっている時だ。「かたことさ」を字面で見せたいのだろうとは思うけれど、「私、国帰る」でいいんじゃないかなと思ってしまう。

「わたし、にほんきた。いえ、びんぼうだった」

ある小説で、日本語学校で学んでいるという設定の男性がこんなふうに話していた。彼の日本語が初級段階だということを助詞の省略であらわしているんだなと思ったのだが、その登場人物が別の場面で、

「かのうせい、うばっちゃだめ。このまま、仕事できるわけない」

と話していて「んん……」となった。「可能性（を）奪う」「できるわけない」は、なかなか高度な言い回しだ。文法的にも初級ではない（付け加えれば「うばっちゃ」の発音も難しい）。もちろん、彼はどこかでそのような表現を知って使ったのかもしれないが、レベルの整合性という面では少し疑問を感じた。

「日本語初心者の拙《つたな》さ」を「助詞の省略」であらわすのは分かりやすいけれど類型的で、必ずしも現実を反映していない。とはいえ、わたし自身もそれは日本語学校で教えて初めて知ったことだ。

教師「昨日、宿題をしましたか」
学生「はい、そうです」

教師「明日、学校に来ますか」
学生「はい、学校に行きます」

初級の教室ではこんなやりとりもよく聞かれる。
「〜ましたか」の質問に答える時は「はい、〜ました」「いいえ（いえ）、〜ませんでした」で答えると教えるが、右記のように「はい、そうです」とか「いいえ（いえ）、宿題をしません」という答えが返ってくることがある。また「来る」「行く」は、自分が今いる場所を起点に考えるが「学校↓行く」と覚えていると、今学校にいるのに「（明日学校に）行く」と答えてしまったりする。すぐに正しくレスポンスするのは難しい。

冒頭で助詞の話をしたが、助詞は「宿題をする」「学校に行く」のようにごく初級から導入し、中級や上級になっても勉強にずっとかかわってくる。

＊川で泳ぐ。
＊川を泳ぐ。

どちらも正しい。じゃあ「で」と「を」は、何をあらわしているのだろう。

「で」には「学校で勉強する」のように、何かをする場所を示したり「ナイフで切る」のように、手段や方法などをあらわす用法がある。また「事故で電車が止まった」のように原因や理由をあらわす時にも使う。

「を」には「パンを食べる」のように、行為の対象となるものを示したり「家を出た」のように出発点をあらわしたりする役割などがある。

そして「を」の面白い（と個人的に感じている）性質は、次の文のように「場所を通過する」意味があることだ。

＊空を飛ぶ。
＊橋を渡る。

＊道路を横切る。

通過する、という意味の最も分かりやすい例は、駅で電車を待っている時のアナウンスだと思う。「まもなく2番線に」とアナウンスが流れたらその時点で、ああ電車が来るんだな、ホームに停まるんだなと思う。「まもなく2番線を」だったら、次の言葉を聞かなくても通過するのだと分かる。どうして分かるかといえば、助詞それぞれの用法を——「に」は到着点／着地点を示し、「を」は通り過ぎることを示す役割があることを——わたしたちが知っているからだ。

＊川で泳ぎ切る。
＊川を泳ぎ切る。

「切る」を付けてみると「で」と「を」の違いがはっきりする。「で」は行為の場所を示すだけなので不自然に感じるが、「を」だと「端から端まで泳いだ」という感じがする。「を」に含まれている「通過する」の意味が発揮されているのだ。

それでは最後の日本語クイズです。

A　友達に秘密を話す。
B　友達にプレゼントをもらう。
C　友達にノートを見せる。
D　友達に町を案内する。
4つの「に」の中で、ひとつだけ用法の異なるものがあります。どれでしょう。

答え：B。Bだけ「から」でもOK。「に」には動作・作用の対象をあらわす（A、C、D）意味もあれば、動作・作用の源をあらわす（B）意味もあります。

言葉は抽象と具体の間にあるものだと思う。

物理的な形はない。でも、録音されたり印刷されたりすればいつでも「触れる」ことができる。発された声は消えてしまうけれど、聞いた人の心に残れば消えたことにはならない。

日本語教師は言葉を手渡す仕事だ。教える、というのは技術や知恵や方法など（それこそ抽象的なもの）を相手に渡す行為だが、日本語を手渡され続けた学習者がやがて自分の頭と体を使って日本語を「表《おもて》」に出せるようになった時、抽象は具体に変化する。外国語を理解し、生み出す機能。それは目には見えないけれど、輪郭《りんかく》を伴《ともな》った質量のあるものとして学び続けた人の内側にくっきりと存在しているはずだ。

本書でも述べたが、わたしは日本語しか使えない。外国語を操ることができない。担当する学習者がどんどんうまくなっていくのを感じると、ああ、自分は自分よりも能力のある人たちに教えているのだなと思う。

わたしはときどき学習者に伝える。あなたを尊敬していますよ、と。驚かれることもあるが本心だ。外国語を手中のものにしている人は格好いい。それは途中で挫《くじ》けず、学び続けたことの証拠だから。

最初から読んでくださった方は、わたしが9人の方へのインタビューの最中、毎回何度も驚いていることに気付いていらっしゃるだろう。ほんとうに、幾度もびっくりしていた。例えばKさんの「間違えることを恥ずかしいとは全然思わなかった」という言葉に「まったく？　まったくですか？」と（失礼ながらも）聞いてしまったり、エマヌエルさんの「漢字の勉強は楽しかった」という思い出話に「苦痛じゃなく？」と（まるで疑うように）反応してしまったり、自分や自分の経験を通すとちょっと信じがたい気もしてストレートに、率直《そっちょく》に驚嘆《きょうたん》していた。見上げるような気持ちと、羨望の両方を感じてもいた。

日本語についてインタビューするのは長年の夢だった。

今、ＹｏｕＴｕｂｅにアクセスすれば日本語学習の動画をいくらでも見ることができるし、日本で生活する上での注意点やなぜ日本を選んだのかを発信する外国出身の投稿者もたくさんいる。ただ、これはわたし自身の問題なのだが、動画が長いと（見たいのに）全部をきちんと見られなくて、テキストだったらいいのにと思うことがよくあった。加えて、日本に暮らす外国出身者へのインタビューは、日本語習得についての話もあるのだけれど、文化の違いに関連するエピソードがメインになっていることも多く、上達の過程についてもっと詳しく知りたいという気持ちもあった。

Ｔｗｉｔｔｅｒ（現Ｘ）にそのことを短く投稿した。やってみましょう、と小学館の編集者の竹井怜さんが声をかけてくれた。こんなこともあるのかと嬉しさで胸が騒いだ。

内容についてやり取りする中で、わたしは竹井さんにひとつお願いをした。それはインタビューを申し込む際に「日本語や日本を礼賛してほしいという趣旨ではないと伝えていただきたい」ということだった。もちろん、日本語は美しい、日本は住みやすいと言ってもらえたらありがたいし、素直に嬉しい。でもこちらからは求めない。あくまで、日本語を手なずけるまでの道のりを聞きたかった。そして同種のインタビューではあまり見られなかった文法についての話もしたかった。

お忙しい中、登場してくださった9人の方々には心から感謝申し上げます。「道のり」を教えていただけたおかげで、いい本ができました！

読者の方に、日本語を外側から見る面白さを味わっていただけていたら望外《ぼうがい》の喜びです。手に取ってくださり、ありがとうございました。

本書はＮＥＷＳポストセブン（https://www.news-postseven.com/）で連載した「日本語に分け入ったとき」に加筆・修正のうえ再構成したものです。

北村浩子［きたむら・ひろこ］

1966年東京都生まれ。日本語教師、ライター。会社員生活を経て、フリーアナウンサーとしてFMヨコハマにて20年以上ニュースを担当し、本の紹介番組『books A to Z』では2000冊以上の作品を取り上げた。雑誌にブックレビューや著者インタビューを多数寄稿。2009年からは日本語教師として、留学生や外交官、小学生まで幅広い世代の学習者に教えている。他の著書に『ヒロ☆コラム　素顔のようなもの』（日本文化出版）。

撮影：小倉雄一郎、黒石あみ、大橋賢
編集：竹井怜

日本語教師、外国人に日本語を学ぶ

二〇二五年　二月四日　初版第一刷発行

著者　北村浩子
発行人　三井直也
発行所　株式会社小学館
〒一〇一－八〇〇一　東京都千代田区一ツ橋二ノ三ノ一
電話　編集：〇三－三二三〇－五九六六
販売：〇三－五二八一－三五五五
印刷・製本　中央精版印刷株式会社

Printed in Japan ISBN978-4-09-825487-3